拥抱蓝海

李海峰　笛子　主编

華中科技大學出版社
http://press.hust.edu.cn
中国·武汉

图书在版编目（CIP）数据

拥抱蓝海 / 李海峰，笛子主编. —武汉：华中科技大学出版社，2024. 4

ISBN 978-7-5772-0649-3

Ⅰ. ①拥…　Ⅱ. ①李… ②笛…　Ⅲ. ①创业-指南　Ⅳ. ①F241. 4-62

中国国家版本馆 CIP 数据核字(2024)第 052143 号

拥抱蓝海
Yongbao Lanhai

李海峰　笛　子　主编

策划编辑：沈　柳
责任编辑：沈　柳
封面设计：琥珀视觉
责任校对：刘　竣
责任监印：朱　玢
出版发行：华中科技大学出版社(中国·武汉)　电话：(027)81321913
　　　　　武汉市东湖新技术开发区华工科技园　邮编：430223
录　　排：武汉蓝色匠心图文设计有限公司
印　　刷：湖北新华印务有限公司
开　　本：880mm×1230mm　1/32
印　　张：7. 5
字　　数：187 千字
版　　次：2024 年 4 月第 1 版第 1 次印刷
定　　价：50. 00 元

PREFACE
序 言　李海峰

很高兴可以和笛子一起担任《拥抱蓝海》这本书的主编。

我第一次和笛子互动，是她的新书《TikTok 爆款攻略》请我做推荐。那时候，我们并不认识，对接的编辑说，这是中国内地出版的**行业内第一本关于 TikTok 的书**。现在，这本书已经在美国出版，售价 200 美元，成为全球几十亿 TikTok 用户的教材。

我第二次和笛子互动，是她说要加入合集出书计划，要为她的朋友**定制一本关于出海创业、IP 的书**，于是就有了你们正在阅读的这本书。你可以不出海创业、不做 IP，但是你应该看看这本书，了解出海创业的人和做 IP 的人，应该学习他们的成功经验以及失败的感悟。

我第三次和笛子互动，是投资了她做知识出海的公司。**对于一个新的趋势赛道，又遇到特别靠谱的人，我的习惯是去学习和投资**。在我看来，如果我认为我身旁的这些人是优秀的，那么 5 年后其中一定会有人有大成就，我的想法是：**我现在如何和他们产生联系**？

我每次编完合集，内心都会感谢读者，因为也许正在看书的你就是未来的“大牛”。如果那时候,你提到你曾看过《拥抱蓝海》这本书,记得书里某句话或者某个作者给你带来的感悟,哪怕你不在我身边,和我没什么关系,我如果恰好知道的话,我相信我的嘴角肯定会上扬。

二

这本书中每个作者的文章都单独成篇。我请你每读完一篇,就**用自己的语言提炼出关键点,并且作为自己思考的切入点**。你可以先快速将全书读完,然后把自己喜欢的那几篇多读几遍。

我们把每位作者的二维码都放在书中,你可以加他们为好友,分享自己的学习心得。这样**无论是知识的获得,还是社交的需求**,都有机会实现和得到满足。

我分享一下我看到的,相信你一定会看到更多,请把我的笔记作为“开胃小菜”。

笛子,长期主义者,**致力于培养像她一样具备出海项目操盘能力的操盘手**。她的使命是**帮助中国企业和品牌出海**。

朋克周,AI科技媒体主理人,他制作的**视频累计播放量超过1.2亿次**。他对AI的发展持乐观态度,他认为:**AI是Solopreneur(个企家)实现创业梦想的加速器**。

大志是不一般集团的创始人,**孵化的IP粉丝超过5000万名**。他来自农村,他鼓励大家**要做风口上的创业者**。

野雨,17 岁成立短视频工作室,目前是**抖音华北区头部直播公会 CEO**。她是野行传媒创始人,公司座右铭:**野性不改,行之有效**。

林社长,《世界名校访谈者》主编,**留学生日报创始人**。他分享指导求学规划的经验:**倒推人生选择,反思自我定位,把握时代机遇**。

豆豆,从事医美行业 12 年,她这一辈子最想做的事情是**用教育来推动教育**。她的感受:**医美医的不是"丑病",是"心病"**。

卡哥,母婴品牌创始人,**出生在"烟花之乡"浏阳**,18 岁就踏入外贸行业。他的感悟是:**命运的齿轮不会无故自转,需要靠自身拨动**。

卢卡斯(Lucas),放弃安逸工作,到义乌创业,**曾在直播间刷新马来西亚服装单场销售纪录**。他的新战略:**海外仓备货+达人营销+商业化投资=美区爆单密码!**

发哥,**南漂 10 年**,自认为是信息差的受益者。他总结了很多创业心得:**踏实做事,在逆境中保持前行,多交朋友,第一时间掌握信息差**。

孙妍妍(Iris),**旗下拥有 3000 多名签约海外红人**。习惯使用劲爆营销短文的她,在本书中却展示出真诚的一面。她文章的标题是"**我们的直觉才是最高天意**"。

王瑞，在出海营销行业已经耕耘了九年，作为全球KOL营销人，她分享出书的原因：**提升公司品牌知名度，加强个人IP建设**。

陈秋娜（Joanna），有10多年海外营销经验。她创业选择的是数字营销赛道，在发展中巩固四个核心能力：**创新落地，展露落地，战略投资以及杠杆、风控**。

亚宁，齐鲁文化之星，**历经20年商业周期**。她分享了三个锦囊：**相信相信的力量；正心正念，极致利他；顺势而为，全力以赴**。

易兴，创办了帮助大学生成长的品牌——“三十万个大学生”，是品牌年轻化顾问。他分享的心得是**接受自我、活出自我、超越自我**。

陈孝钦，用10个月开1500家店，将公司打造为台球行业的头部品牌。他给想创业的朋友提了三个建议：**学会选择，遇到贵人，学会夹缝求生**。

冷锐，西南小镇青年，成都蓉漂人才发展学院AI顾问，**拥有10万粉丝的科技自媒体号主理人**。他说：“**AI和短视频，是普通人的超级外挂**。”

钱超超，出生于湖南一个小镇，现居新加坡，**每年深度辅导300个孩子上名校**。他认为：**教育是改变命运成本最低的方式**。

杨翎(Victoria),培育钻石高级定制品牌创始人,股权投资人,也是帮助过上千人的专业级教练。她的愿景:**客户的信赖,就是我最好的承诺**。

亦凡,心理学博士,也**是一个跨界生命艺术探索者**,游历了100多个城市。她喜欢收集故事,**致力于向外探索,向内行走**。

蒋凯,深圳弯道超车俱乐部主理人,**星辰潮玩社交式旅行主理人**。她的人生信条是**选择大于努力,向有结果的人学习**。

陈芸礼是一名农村音乐老师,她用互联网链接全球。她的人生信条是:**人生不设限,做个终身学习者、创业者**。

十一,专注于家庭关系教育的心理咨询师,女性成长平台的主理人。她坚信:**我们都有独一无二的天赋,都能活出独一无二的精彩人生**。

禾懿,苗族女孩,从湘西山城走出来的女性创业者,**创建了南京大学MBA女性俱乐部**。她相信:**栽下梧桐树,凤凰自然来**。

凌子(Coco),人称“外贸扎女Coco王”,曾仅用三个月,从0起步,打造出一支千万级外贸B2B团队。她告诉我们:“**人不是公司的资产,打造人才的系统才是**。”

沐恩(Moon),“学霸星球”创始人,**将被诊断为“智力低下”的孩子,用3年时间培养成“牛娃”**。她说:“大部分人因为看见而相信,**对孩子的优秀,因为相信,才能看到**”。

雷神,“上海大咖荟”创始人及CEO,**流量型创业增长教练**。他给出解决内卷问题的关键:**产业融合,顺势借力,破局出海**。

裘欣,有超过十年的品牌运营经验。她认为:新生代品牌的发展趋势是**结合创新产品和跨界思维**,以解决消费者实际问题为导向。

雅惠,曾就职于世界排名前三的室内设计公司,现在是东芳赋**洗护品牌的创始人**。她坚信:**当前正是中国打造品牌的好时机**。

米安超,新加坡南洋理工大学硕士,**她喜欢折腾,善用AI**。她分享她生活中的感悟:**聚焦,交流,美食**。

费费,1000多个博主和创始人的短视频导师,**获评为“2023中国AI女性力量”**。她呼吁**尽情享受任性专注、费心玩耍的生命乐趣**。

本书中的许多作者,虽出生在小镇,但都取得了不小的成就。**拥抱蓝海的人,能抵达的地方,不局限于出发的位置,而是梦想的彼岸**。

本书中的许多作者是品牌创始人，或者媒体、平台、协会的主理人。**拥抱蓝海的人，都是内心有光的人，追寻灯塔，也成为灯塔**。

本书中的许多作者，有人提出理念，有人给出了具体的指导方法。**拥抱蓝海的人，不仅仰望星空，同时脚踏实地、乘风扬帆**。

千帆竞发勇者胜，百舸争流奋楫先。让我们一起，成为时代的弄潮儿，拥抱蓝海，拥抱未来，拥抱世界！

目录 CONTENTS

帮助中国企业和品牌出海，是我的使命

■ 笛子

日不落集团创始人
畅销书《TikTok 爆款攻略》及其英文版的作者
福布斯环球联盟创新企业家
G20YEA 菁英企业家

我是笛子，在全球拥有多家公司。2021—2023 年，我将 10 亿元国货销往海外。

我有一本代表作——《TikTok 爆款攻略》，是一本关于海外流量和跨境创业的书。

2016 年，我在美国读研究生，然后在美国创立了两家公司。2020 年初，我听说中美之间要断航，于是跑了几十个城市，买了几万只口罩回到国内。

回国后，我意识到国内的市场很“卷”，几乎没有商家可以避免价格战，产品分类也越来越细，各个平台的流量越来越贵。我对国内市场不熟悉，很难立足。于是，我决定继续发挥自己的优势，做海外市场。就这样，我开启了跨境电商的创业之路。

我最开始在亚马逊做，但是我意识到自己的业务模式并非长久之计；又带着团队做独立站，投资 300 万元，希望可以打造出自己的独立站品牌。仅 7 个月，我花光了这 300 万元，熬了无数个夜，也没有看到希望。

因此，我带着团队打磨内容，一个画面一个画面地修改与调整，有时坐在电脑跟前 6 个小时，只为了打磨一条 20 秒的视频。

这些精心打磨的视频，将我们的投入产出比一下子提升了 2 倍多。这也让我深刻地意识到，**如果想要在线上高效率传播，那内容一定是一个绕不过去的坎**。

于是，我确认了一件事：反复打磨内容，深耕内容。做事业、做品牌，选择难而正确的事，坚持下来，才能打造属于自己的竞争优势。

我不仅反复修炼自己的内容功力，还打造了一支“内容铁军”团队。我们深刻地体会到优质的内容是最大的流量杠杆，也是品牌传播最核心的秘诀。

我们深刻地体会到优质的内容是最大的流量杠杆，也是品牌传播最核心的秘诀。

所以不管是在独立站做广告投放、达人推广，还是在 TikTok 等新兴短视频直播平台做推广，我们对内容的严谨态度和深耕细作，能够让我们在最短的时间内打下坚实的基础，蓄势待发，取到显著成效。

我之所以选择跨境出海这个赛道，是因为我切身地感受到国内的产品和营销都竞争激烈，这些年很多人感慨国内的钱越来越不好挣了。我认为，**这是因为互联网的盛行让原本很多可以通过信息差赚的钱消失了**。

而信息差，在全球都是没有那么容易被消除的。我们可以利用不同地区的文化、人工成本、原材料成本等差异，去筛选适合我们的产品或者服务，用我们更加擅长的流量获取方式和营销方式开拓海外市场。虽然会遇到语言和文化方面的挑战，但是一旦迈过这个坎，我们就能看到一片蓝海，并能拥抱广阔的蓝海市场。

2023 年，我做出了一个新的决定：**不仅要将自己的业务做好，还要帮助更多中国企业将优质的国货卖到海外去，不再只是在国内市场打价格战，而是发挥出那些优质国货的真正价值**。

但是很多国内的商家在刚开始做跨境电商的时候，免不了踩“坑”，导致还没赚到钱，自己就先赔了。于是我将自己在 TikTok 上的营销经验，写成了《TikTok 爆款攻略》一书，为广大从业者提供了宝贵的参考。这本书，我也翻译成了英文版，在美国出版，售价 200 美元，成为全球几十亿 TikTok 用户的教材。

虽然在这本书里面，我将很多“坑”都清楚明白地列出来了，希望我的读者不要重蹈我的覆辙，但是我也知道，在实践中，很多商家还是免不了会吃亏。于是我将自己的主营业务，花了大半年的时间交给了我的合伙人，而我自己，则是抽出时间来，帮助中国的企业和工厂做跨境电商。

我心里很清楚，我现有的业务，已经做到了 90 分，将它提升到 95 分，将会花费我大量的力气；而如果我将时间精力花在帮助只能做到 30 分的企业提升到 70 分，不仅比较轻松，效果也会更加明显。

想清楚这些后，我组建了自己的操盘手团队，帮助有实力的中国企业做出海项目。

我是个追求长期主义的人，为了让这个模式长久，也为了打磨我的团队和操盘技术，在项目合作中，我都采用“结果式付费”的模式。简单来说就是，如果赚钱了，我跟合作客户按照比例分利润；如果没有赚钱，那所有的运营损失，由我来承担。

最开始我的团队成员不理解我的做法，他们告诉我，那些做知识付费的，动不动就收好几万元的学费，还不敢保证一定有结果。但我有个“三不”原则：不吸合伙人的血、不吸客户的血、不吸员工的血。如果我没有先将蛋糕做大，那我就没有资格要求客户分我一块蛋糕。

做好自己，运气也会跟着变好。我制定这个模式后，很多优质的品牌、企业和工厂都纷纷找到我，希望与我合作。我也会严格地、负责任地去筛选合作客户。无形之中，我的客户质量越来越高，而我的成功率也随之越来越高。其中有一个客户，仅仅操盘 4 个月，我就帮他们完成了海外 1000 万元人民币的 GMV（商品交易总额）。他们的 CEO 说：“跟笛子合作，既不需要操心，还能够出结果，这样的优质伙伴真的太难得了！”

在初步取得一些成果的基础上，我又给自己设立了一个目标：一定要帮助至少 100 家中国的企业成功出海。这是我的“五年计划”，完成了，我就退休。

但我也很快遇到了瓶颈：我一个人带领团队操盘，我发现自己的管理能力有限。我最多能同时处理6—7个项目，一旦超过这个范围，就会应接不暇。我思考之后，发现关键问题还是缺乏有效的杠杆。如果我不加入杠杆，那么我就无法实现自己设定的商业蓝图。

而这个杠杆，就是操盘手。

当我培养出多个像我这样具备出海项目操盘能力的操盘手时，我就可以解放我的时间，专注于筛选优质客户，而不是每天疲于处理各种烦琐的杂事。但操盘手也很难培养，因为我要毫无保留地传授自己多年的出海操盘经验，同时还要保证他们学成后不会轻易离职，以免造成重大损失。

于是，我创立了名为“日不落出海联盟”的私董会。在私董会里，我会为成员提供更适合海外轻创业的变现路径，让他们先自行完成闭环。只有成功完成闭环的私董，才有资格成为我的操盘手。这一制度背后有两个主要原因：①完成闭环的私董有解决问题的能力和执行力。他们遇到困难时不退缩，具备了我需要的操盘手的素质；②他们对我的认可度较高，不会轻易离职。

对于操盘手来说，也是一个很好的选择：他们在我这里可以学到出海操盘的核心能力，并获得与我合作的优质客户。我会手把手指导他们通过具体的项目，操盘手可以享有本项目分红作为合伙人报酬。也就是说，操盘手并不需要承担销售任务，只需要踏踏实实地做好项目操盘落地，就可以获得这个项目很可观的分红收益。

这个模式搭建好之后，我再回头看我手上的三个产品：

(1)**《TikTok爆款攻略》**：虽然这本书在美国英文版的售价高达200美元，但是在国内只卖几十元人民币。我敢说，这是了解这个赛道最小成本的入门级学习。对于纠结是否涉足跨境领域的人来说，这本书就是性价比最高的选择。

（2）**“日不落出海联盟”私董会：**它不是一个简单的微信群或者聚会，我将自己的出海项目纳入其中。所有想做出海创业的私董都可以先用我的项目完成自己的闭环，然后再启动自己的项目。我将继续为他们的项目保驾护航，这就是最低成本的创业途径。

（3）**企业出海操盘：**我采取直接对赌结果的合作方式，赚了钱大家分，亏损了由我承担。对于那些真的想出海（创业）的企业来说，这就是最低成本的合作，并且没有任何决策成本。正因为有了敢对赌结果的勇气，我对客户也更加挑剔。我筛选客户的门槛越来越高，也就意味着我的客户质量越来越好，我们强强联合之后，成功的可能性也就越来越大。

助力优秀的中国企业和品牌出海，就是我的使命。我每当想到这个目标，想到那100家的愿景，便浑身充满动力。

与此同时，因为熟悉海外流量逻辑，我还将课程、游戏、短剧等虚拟产品卖到海外，并带领很多中国、外国知识付费达人，利用TikTok将自己的课程卖到全球，真正地实现万物皆可出海。

我相信，一个人把自己的业务做好，不算真正的成功。如果他能够让自己身边的人，不管是客户、员工还是合作伙伴都变得更加优秀，那他一定非常成功。

而我，会一直走在这条路上。

如果你想跟我成为朋友，欢迎你扫描本文开头的二维码。

拥抱蓝海

在 AI 时代，让我们勇敢地展现自我

■ 朋克周

AI 科技媒体“朋克周”主理人

视频累计播放量超过 1.2 亿次

致力于帮助更多人借助 AI 打造超级个体

OpenAI 的 CEO 奥特曼在 2022 年中表示，没有通用人工智能（AGI），人类不可能成功殖民太空。人类行为可以理解为盖房子，盖房子需要柴火。例如，马斯克的终极目标是实现火星生存，那么不管造火箭还是开发新能源等一系列行为都是在准备盖房子的材料。如果他能先研发出通用人工智能（AGI），那么这个过程会极大地加快。

那 ChatGPT 有多牛呢？马斯克赞美它“好得吓人”，库克赞美它“不可思议”，黄仁勋赞美它“堪比智能手机问世”，比尔·盖茨赞美它“不亚于互联网的诞生”。

仅仅用了两个月的时间，ChatGPT 的月活用户数已达到 1 亿，而 iTunes 用了 6 年半，Twitter 用了 5 年，Facebook 用了 4 年半，WhatsApp 用了 3 年半，Instagram 用了 2 年半，TikTok 用了 9 个月。因此，ChatGPT 是史上活跃用户数增长速度最快的应用程序。ChatGPT 能像真正的人一样跟你聊天，它具备翻译、解题、考试、作曲、撰写文案、编代码、写论文、构思小说、撰写工作周报和创作视频脚本等多重技能，而且比相当多的人做得还好。

最为恐怖的是，目前以 ChatGPT 为代表的新生产力工具，每时每刻都在自我进化，前面所说的所有能力已经是过去式，它时刻都在更新迭代，每一秒的它都在超越前一秒的它。

ChatGPT 现在仍处于新生儿阶段。但随着使用人数的增加和数据参数的积累，它的能力将不断提高。估计用不了五年，它的各项能力就会超过 90%的专业人士。人工智能领域专家普遍认为，未来 20 年内，ChatGPT 类型的人工智能将取代全球一半的工作岗位。

我对 AI 发展的看法是非常乐观的。**从人类社会的角度来看，AI 的发展应该是利大于弊的。**

AI 技术可以帮助解决当前社会和经济领域的一些问题。例如，贫富差距、基础学科停滞、经济危机、金融危机以及各种民族和文化冲突。AI 可以在一定程度上缓解这些问题。

AI 在生产力的爆发上，并非零和游戏。金融等领域可能存在赢家和输家，但人工智能的发展会给人类带来增量财富，类似于工业革命。它使每个人都能获得财富，从而在一定程度上减缓人类之间的矛盾。

再加上人工智能，如 ChatGPT，具有多语言相互转换的功能，有助于促进各民族、各文化之间的交流和融合。通过减少沟通障碍，ChatGPT 等人工智能技术在一定程度上可以消弭人类之间的矛盾，这是从宏观角度出发的观察。

那 AI 对个人意味着什么呢？

意味着每个人都可以借助 AI 构建完整的商业体系，成为一个新时代的 Solopreneur，即“个企家”。

“个企家”这个概念，是由“solo”（意为单独）和“entrepreneur”（意为企业家）组合而成，意指完全依靠个人力量运营企业的商业人士。这个概念代表了一种强化版的个体经营模式，在 AI 等先进技术的支持下，正逐渐兴起并具有巨大发展潜力。它强调的是“小而美”的准创业精神，突出个体在运用高科技工具时的独立性和创新能力。

纳瓦尔讲过，我们现在正处于一个充满无限杠杆的时代。在这个时代，AI 技术的快速发展为个体提供了前所未有的机会，使每个人都有可能成为一个潜在的 Solopreneur（个企家）。借助 AI，个人不再受制于传统商业运作的局限，而是能够独立构建和运营自己的商业体系，实现个体的经济自主和创造性发展。

首先，AI 作为一种高效工具，可以帮助个人在市场研究、产品

设计、客户服务等多个环节实现自动化和智能化。例如，通过分析大量市场数据，AI 能够帮助 Solopreneur（个企家）准确把握市场趋势和消费者需求，从而打造出更符合市场需求的产品或服务。同时，AI 还能够在客户服务方面起到关键作用，如利用聊天机器人提供全天候客户支持，提升客户满意度和忠诚度。

其次，AI 的应用还体现在营销和品牌推广上。借助 AI 工具，Solopreneur（个企家）可以更精准地定位目标受众，运用个性化营销策略。同时，AI 还能协助创作引人入胜的内容，如 AI 驱动的内容创作工具能够帮助个人快速生成文章、图像甚至视频，大幅提高内容生产效率。

此外，AI 的进步还意味着降低了创业门槛。在传统观念中，建立一个公司需要大量的资金和资源，但在 AI 的帮助下，即使资源有限，个人也能够以较低的成本启动和运营自己的业务。AI 的分析和预测功能能够帮助 Solopreneur（个企家）降低风险，同时提高运营效率。

最后，AI 技术的发展使个人能够跨越地域和文化的界限。通过 AI 的翻译和交流功能，Solopreneur（个企家）能连接来自不同国家和文化背景的客户和合作伙伴，实现全球化经营。

总之，AI 不仅仅是一项技术工具，更是 Solopreneur（个企家）实现创业梦想的加速器。它帮助个人超越传统商业的限制，开启全新的个体经营模式，让每个人都有可能在 AI 时代中绽放光彩。

2023 年 3 月，深感 AI 对整个人类社会的影响，我果断将之前的公司交给合伙人，带着几个小伙伴开启了一场全新的创业之旅。

从 3 月 7 日开始，我们的团队在不同平台上坚持不懈地发布关于 AI 的相关内容。内容涵盖 AI 技术的最新进展、实际应用案例，以及

AI不仅仅是一项技术工具，更是Solopreneur（个企家）实现创业梦想的加速器。

AI 如何影响各行各业。这种全方位、深入浅出的内容策略迅速吸引了广泛的关注，使我们在短短几个月内就积累了 70 万粉丝，成为 AI 领域的头部媒体，也和百度、阿里、英特尔、微软等公司达成了各种形式的合作。

我们的成功并非仅因 AI 本身的吸引力。我们团队的创新思维和对 AI 领域的深入理解也发挥了关键作用。我们不断探索 AI 在不同领域的应用潜力，从而为观众提供独特的视角和深度分析。此外，我们的内容创作同样得益于 AI 技术的支持，例如使用 AI 工具进行数据分析、内容生成和观众互动，这大大提高了我们的工作效率和内容质量。

这次创业经历使我更加坚信 AI 的强大潜力和积极社会影响。我们的目标是继续扩大影响力，推动更多人理解和接受 AI，同时也探索 AI 技术在更多领域应用的可能性。我们相信，通过我们的努力，可以帮助公众更好地理解 AI，并激发更多人投身于 AI 技术的探索和研究。

更重要的是，我发现，在 AI 时代，你终于可以做自己了。

在历史的长河中，人类社会的每一次重大变革都伴随着价值观的转变。从工业革命时期对体力劳动的赞赏，到信息时代对思考清晰度的重视，再到当今 AI 时代对个性的纯粹性的奖励，每个时期都反映了当时人类对自身角色和能力的理解。在两次工业革命时期，人们通过肌肉力量驱动机器，劳动强度成为衡量价值的主要标准。随着信息时代的到来，重心转向了处理和分析海量数据的能力，思考的清晰度和信息处理能力成为成功的关键。然而，随着 AI 技术的发展，我们进入了一个新的时代。在这个时代，不再是体力或信息处理能力占据主导，而是每个人独特的个性和创造力被赋予了更高的价值。这可以看作是“人无癖不可与之交”的现代诠释。**个性的纯粹性，即那些不可复制的个人特质，在 AI 的放大镜下显得尤为宝贵。**

AI 革命的到来使得标准化的生产和创造变得简单，唯有个性无法被轻易复制。随着 Midjourney 等工具的普及，实现创意变得更加便捷，推动我们追求更深层的价值——想法的独特性和创造力的原创性。在 AI 时代，“人无癖不可与之交”的现象可能进一步加剧。以图像创作为例，随着越来越多的人借助 Midjourney 等工具实现自己的创意，“实现”本身已经开始变得不再珍贵了！很快，初代 AIGC 便会进入以“想法”竞争稀缺资源的阶段。

那稀缺从哪来呢？稀缺性源自每个人独一无二的生活经历：我们的梦境、阅读、旅行、恋爱，以及那些难以言喻的思维。这些经历不仅是我们生活的“食粮”，也是我们个性的基石，构成了在 AI 时代中不可替代的价值。

在 AI 时代，我们被鼓励去探索和表达自己的独特性。这不仅是对技术挑战的回应，更是对人类本质的探索。我们不断问自己：“我是谁?”“我独特在哪里?”这些问题超越了技术的范畴，触及我们作为人的根本。在一个似乎由数据和算法定义的世界里，保持并表达我们的个性，成为我们与众不同的标志，是我们在数字时代中保持人性的方式。因此，AI 时代的真正挑战和机遇不在于我们能用技术做什么，而在于我们能用我们的独特性创造什么。我们的个性、梦想和创造力是 AI 无法复制的宝贵财富。

在 AI 时代，让我们勇敢地展现自我，因为这正是我们在这个变化莫测的世界中最为珍贵的部分。

做矩阵IP，成为风口上的创业者

■ 大志

不一般集团创始人
孵化的IP粉丝超过5000万名
IP矩阵流量头部公司

我是怎么从一个农村娃，一步步靠自己干起来的？

我老家在山东省德州市武城县董王庄村，是贫困县里的贫困村。我们这里的孩子十二三岁的时候，都想去县城里面上学，但是到县城上学需要买房，我家没钱买，最后找亲戚帮忙才去了县城里边上学，住在县城里我姨妈家。

我 14 岁就不上学了，整天跟县城里的混混在一起玩，就没让家里人省过心。后来，家里实在没办法了，送我到县城边上的一个小工厂里去打工。

进去第一天我就受不了了，又脏、又乱、又吵，工人一个比一个岁数大，蹲在地上很辛苦地干电焊的活。第二天，我死活不去了。

跟家里人商量后，我就去北京找工作了。后来在北京一家公司里面当客服，干了半年。

一个月的工资只有 3000 元，我顶住了压力，在北京苟延残喘地活着，但公司没顶住压力，倒闭了，我的这份工作也宣告结束了。

在北京的前四年，我老被人骗，总共被骗了一万多元。我一直在天通苑住着月租 400 元的地下室，一年里面有好几个月得吃酱油泡饭。为了活下去，我干过保安、厨师、销售，摆过地摊，卖过鱿鱼、烤肉。

第一阶段的创业经历

我命运的转折点出现在 2016 年，我在剧组干场务。场务就是剧组里干杂活的，非常累，一天只有 150 元，但我开心得不得了，为什么呀？因为我在北京当厨师的时候，一个月 3500 元，而剧组包吃包住，相当于一个月纯赚 4500 元。

后来，我在剧组不干杂活了，开始接触录音。带我的录音“老大”一天挣 3000 元，这对于当时的我来说，就是一个天文数字。负责录音举杆的那个大助理一天拿 500 元，干一个月能挣 1.5 万元，也相当不错了。我有奔头了，找到努力的方向了。四个月后，我就升为了大助理，也开始举杆了，但一天只给我 400 元，比别人便宜。我当时心想能多赚点是一点，没有计较太多，但是举杆举了半年后，举不动了，真的太累了。有一次，一个导演连着拍了 70 多个小时，两个导演、三个摄影师轮着拍，而录音就我一个人负责，我一个人盯了 70 多个小时，最后直接晕倒了，被送到医院去了。

在医院醒过来后，我就怕了，我想做录音师。往那一坐，戴着耳机录制声音就可以了，一天可以拿 3000 元，不像助理得天天站着，连休息的时间都没有。

后来，有人教我操作录音台，我学了两个月，学得差不多了，就开始在 QQ 群寻找客户。很快，我找到一个制作人，他想拍两天的广告，我想都没想就接了下来。这单生意让我两天挣了 4000 元，我很满意，便一直做录音师做到了 2016 年底。后来，我听圈内人说做制片人很赚钱。制片人就是做资源整合的，比如一部戏准备开拍，租赁机器、灯光、人员、车辆这些都由制片人来安排。一部投资 100 万元的戏，制片人拿二三十万元不是太大的问题。

机会来了。有一次，公司要拍一个广告，老板准备找制片人接活，没想到公司的制片人都出去干活了，我说：“哥，我来试试，相信我!”一开始，老板不愿意，因为我岁数小，怕我干不好，但后来还是给了我这个机会。

我的活干得很漂亮，拿了二十多万元，我分给老板 95%，一般制片人要拿 50%，我却主动只拿 5%。后来，老板干脆不用别人了，只要我闲着，就让我上戏，我分90%的钱给老板，没人跟钱过不去，对吧？就这样，一年不到，我赚了90多万元。我觉得：一个聪明人，无论干什么都能快速赚到钱；不聪明的人，你教也教不出来。

赚了钱后，我在老家的县城里买了一套房，还买了一辆车。后来，我就不上班了，自己在北京国贸租了一套二层公寓，开了一个影视工作室，自己接活做统筹，这样赚钱能多一点。

随着短视频的兴起，这个行业就开始慢慢地不行了。大家都看短视频，追剧的人变少了，也就没那么多人投资，我的工作室跟着倒闭了。

第二阶段的创业经历

2019年，我注意到一位朋友参加美食节和庙会很挣钱，我过去看了一下，发现还真行，参加一场活动，一个小摊就能赚四五万元，我寻思摆十个摊，七八天不就可以挣四五十万？我尝试着摆了几个小摊，一个月能挣个几万元，多的时候有十万八万的，当然有的时候去的场地人流量不大，也会亏钱。

到年底人最多的时候，过年那几天摆摊就能挣很多钱。2019年底，我准备放手一搏，摆了16个摊，进了100多万元的货，找了25个人去卖货，家里的亲戚、朋友也都被拉过来帮忙。

突然，新冠肺炎疫情来了，我的生意做不成了，还负债了。

这一年大年三十，我回到家里，被所有人骂，说我不务正业，挣钱了还这么折腾，一下子赔了这么多钱。当时，我也很窝火，老跟家里人吵架，大过年的把茶几、电视都砸了。

第三阶段的创业经历

我实在在家里待不住了，我在短视频中看到深圳有一个“95后”，半年时间赚了 1000 万元，他说他 5 年内要在深圳买房，一下子把我激励到了。我加了他的微信，看看他是做什么业务的。经过详细了解，我得知他是做短视频培训的。我认为短视频是风口，于是报了他的培训班，学费是 7600 元。报完名后，我就只剩下 3000 元了。

2020 年 2 月，我决定在疫情最严重的时候去深圳，找他学习。既然看到了机会，那就不能错过。我坐在飞机上的时候，心想：也不知道今天这个决定是对的还是错的，年轻人还是要起心动念，敢想敢做，人生的差距都是在每一次的选择中拉开的。

下了飞机，兜里只剩下 2000 元。我找我爸要了 1000 元，拿着 3000 元租了一套小公寓，又开始白手起家，连续 4 个月学习短视频制作和电商运营。这 4 个月没赚钱，生活压力太大了。

当时，很多人的短视频火了，我的作品就是不受关注，我都要崩溃了，心想到底是因为我长得丑，还是因为口才不好？整个人陷入了自我怀疑的状态。即便如此，我还是坚持每天直播，直播间从一开始的四五个观众到五个月后突然涨到了 1000 多个观众，那天晚上我赚了 3 万元，激动得一晚上没睡着觉。这一次之后，我知道该怎么干了。

任何人都没办法对抗时代的浪潮。中国改革开放的时候好赚钱是因为市场有大片空白，今天的市场不像往日，各行各业高手如云，如果没有自己的竞争点，必败无疑，所以要学会顺势而为，赚钱才会变得简单。能跨越阶层、改变命运的机会已经非常少了，轻资产能入场的行业，短视频和直播无疑是其中的佼佼者，其他行业的入场门槛太高，所以要优先选择蓝海领域（竞争少，高手少）。

我用短视频创业没有签约任何 MCN（多频道网络）机构，都是自己摸索，当然中间付费了很多次，我觉得付费直接买结果，这是很值得的，所以 2023 年，我把市场上的私董会全加了一遍，花了 100 多万元。

我真正的爆发期是在 2021 年，从刚开始不会做直播、不会拍视频到 2021 年做矩阵流量，有 200 万个粉丝，当时团队一共有 20 多个人，单月变现 300 多万元。

2022 年，我就开始全面布局多 IP 矩阵，公司从 2021 年的 20 人增加到了 150 人，现在每个月的工资支出是 170 多万元。一个模型成功后，迅速复制，我用同样的方法复制了十几个 IP，到 2023 年，我们公司的总粉丝量已经达到 2000 万了。

此时，我真的明白了一句话——在风口上就是在刮钱，所以大家真的要去做风口上的创业者。

看到好的项目或生意，优秀的创业者的反应都是先去认真评判，而不是先怀疑。我现在也是这样，以自己的投资逻辑，用账本算账，可能抓住一个风口，就能起飞了。

以自己的投资逻辑，用账本算账，可能抓住一个风口，就能起飞了。

公司年营收达 3 个亿人民币的少女 CEO 成长记

■ 野雨

野行传媒创始人

胡润 U30 创业先锋

抖音华北区头部直播公会 CEO

大家好，我是野雨。2016 年，当我的同学们还在为选文科还是理科发愁的时候，我已经成立了短视频工作室。那年我 17 岁，拍摄的街坊短视频获得了 20 万次转发。18 岁，还在读高三的我注册了人生第一家公司，涉足直播公会领域。得益于准确把握住网络直播的风口，3 个月我便轻松赚了 40 万元。那段时期，我只身一人全国各地蹦迪旅游，花光了所有的钱。真是应了那句俗话，凭运气赚到的钱，一定会凭实力花光，**网络赚钱现实花，一分别想拿回家。**

但我觉得无所谓，毕竟年轻就是资本，我的眼中看到了一个更为宽广的世界。

一个偶然的机会，我认识了山东省最大的网红孵化机构老板。当我将后台收益给机构老板看过之后，他很爽快地和我说："小姑娘，咱们谈谈合作吧。"于是，19 岁的我开启了职业招募主播的公会长之路。

很多人说创业要趁早，因为试错成本低。的确，因为年纪小，我很早就接触到了很多同龄人尚未体验过的事物，但是过早地进入成年人的生意场，也让我承受了很多本不该这个年纪承受的社会打击。在与客户沟通时，他们更多谈论的还是我的年纪，我经常听到："你这么小，让你上司过来谈吧。"

让我印象最深刻的一件事，发生在我刚带领两个"00 后"小姑娘创立这家公司的时候。作为行业内最年轻的女公会长，我颠覆了传统的主播招募渠道，舍弃了运营发私信、从其他平台挖人等方法，直接通过直播间招募新人。此外，我还舍弃了直播公会收取主播服务费和违约金这种传统的盈利方式，改成只赚取平台服务费。如果主播对公会服务不满意，可以随时华丽转身。这种模式虽然很快吸引了很多主播加入，但却引发了同行不满。他们认为我曝光行业内幕，扰乱市场秩序，对我的报复铺天盖地地袭来。各种谩骂和诅咒充斥着我的朋友圈和私信。后来，他们甚至组建了一个500人的大群，每天定时定点举报我的直播间。那段时间，我经常直播时被突然“抬走”了。2个小时的直播要被迫中断几次。直播间数据每天都创新低，官方正常推流竟然变成普通账号的三分之一。虽然日子艰难，但我却好像打了鸡血一样，越挫越勇，我坚信越是被同行嫉妒与敌视，越说明我在走一条不同的路。直播推荐数据不好没关系，我每天拍10条以上的短视频，分时段发布，通过短视频高效导流直播间，提升直播数据。就在直播刚刚有起色的时候，官方工作人员因频繁收到其他公会的举报，来到青岛对公司进行实地调查。因祸得福，我与官方建立了联系，并受到了关注。几个月后，官方将我们的直播间内容话术拆解，并在行业内推广培训我们的招募规则。我的直播间也从众矢之的变成了行业公开课。之前跟风发朋友圈骂过我的一位同行，也把我从黑名单里面拉出来，还特意发微信跟我道歉。那一年，我21岁。

这两年来，我们将直播公司做到了华北区第一，全国头部地位。我们还自发组织过300多人的行业线下交流会，孵化的达人一直处于垂类榜首。全国范围内，我们在青岛、杭州、上海、贵阳、长沙等地设立了9家子公司，业务也拓展到了电商和知识付费领域。在吸引了越来越多的志同道合的伙伴加入的同时，我们也提出了“直播界的海底捞”“创意型公会”和“打造超级个体”等行业创新性理念，并在电商和知识付费领域取得了显著的成果。公司员工数量达到了200余人，服务主播超过7000人。

作为互联网行业的核心能力之一，我们必须保持势能拉满。很多人议论我年少轻狂，两年内开这么多公司养那么多人可能会导致资源耗尽，实际上每家公司的投入成本从投资的角度上看都是极低的。我是金牛座，在事业关键节点的投入上，我会反复审视，我明白每多一家公司，就会分散一部分精力，从而多一分挑战。我也曾思考，是该专注于一家公司，以实现极致的结果，还是像我这样，遍地开花。**我只知道，遇到人才，一定要想尽办法抓住。比如，我们几家子公司的合伙人，每个人都让人不由地竖起大拇指。**

我到底为什么能把公司做起来？因为**每年的野行都不一样。**

2021年我运用服务型公会的理念开拓市场，占领了一席之地，全网都知道我们是直播公会界里的"海底捞"；2022年开年的第一次大会上，我说我们不仅要追求第一，更要成为唯一。**在其他公会都在高举服务的旗帜时，我提出我们要做创意型公会，所以我们从服务型公会进阶到创意型公会**，对所有的视觉和理念进行了升级。如今，公司形象深入人心，广受好评，这也变成了我们公司的独特标志。从这之后很多公会都开始纷纷效仿，有的用蓝色，有的用红色，但没有一家公司比我们更具视觉冲击力。**抄袭到的永远是静态，而我们一直保持动态，创新是我们公司的核心能力之一。**每个月的大会上，我都会说一句话：**"每个月的野行都不一样。"**

我们家的表比正常时间快10分钟，是我爸调的，他说：**"这样你永远都可以比别人快10分钟。"**因此，我很少迟到。我记得2022年年初五就开始上班了，这样我们就可以比其他公司提前两天进入工作状态。**创业之路充满了修心和争分夺秒的挑战。**

记得刚开始创业的时候，我会被一些事情气得发抖，睡不着觉，疯狂地问为什么。我还会在家偷偷地哭，边哭边拍视频。如今24岁的我却不再因为任何事情掉一滴眼泪。即便今年发生的事比去年、前年还要离谱和不可接受，我也能从容面对。**以前我写文章时，总会讨论人性，因为我内心难以接受和理解某些事情，而今年我已对此习以**

为常，笑笑就罢。我逐渐明白，我的人生不应该拘泥于这些让我不开心的事情，存在即合理，哪怕世俗道德无法理解，那又如何？我是为自己而活，不应该活在别人的错误里，更不能用别人的错误惩罚自己。道不同不相为谋，认知差异导致行为各异，最终结局也不同。我甚至都不想回顾这些事情，哈哈。

我想成长的标志就是学会屏蔽那些让人不开心的事物。

近年来，我创业的热情一如既往，我可以很自信地说这是来自内心的期待和自律，不再像以前一样为了向某些人证明自己。我有了稳定的规划，自我鞭策，带领团队前进。**比起以前，如今我肩负着实实在在的责任感**：对几百名员工的生存负责，对几位合伙人的期待负责。如果没有带领大家过更好的生活，那就是我的问题。

我心态的另一个变化是，我不再追求单纯的经济利益了，**我想通过创造价值来获得收益，我一直看重品牌打造，正是基于这一理念**。

为了赚钱而赚钱是赚不到钱的，只有创造价值才能赚钱。作为员工，你想赚老板的钱；作为公司，想赚市场的钱，那就要为市场创造价值。这个世界上，大多数想创业当老板的人都认为创业赚钱多，这就是最大的误区，货币总会流向能解决问题的人手中，解决问题就是创造价值的开始，而不是依赖投机取巧或算计。

例如，你挖角其他公司的高管，你期待他解决你公司的问题，这本身就是一种投机行为。每个公司的基因不同，你不能根据自己公司的基因来创造需求并找到合适的人，如果被雇佣的人大多是为了利益来你这里，那很可能期待越大，失望越大。因为其他公司的高管是在其公司的机制下成长起来的，而这种机制下的人才未必适合于你。**每个成功的企业背后都是一次原创，想用别人的针线补自己的窟窿，补出来未必好看**。

再比如，我们的行业公会为了赚钱，扣除主播的提成。如果你不能提供扣除提成所匹配的服务以及服务所达到的高度，那主播的离开也是必然。毕竟信任是一种稀缺资源，如果你不能持续提供价值，关系十有八九会破裂。

如果想要赚直播间粉丝的钱，提供价值尤为重要。情绪价值也是一种价值，你能给一个人提供情绪价值，你就赚一个人的钱，**如果你能给一万个人提供情绪价值，那你就能赚到一万个人的钱**。这取决于你的内容是否能获得这些人的关注。如果某天你不想再为他们提供情绪价值，却还想从他们那里得到利益，更是不可能，这个世界没人是傻子。

但是创造价值和提供价值不是一朝一夕的事情。**自从 2023 年以来，我一直在思考如何为市场创造价值**。除了直播公会，我到底还能为这个社会提供些什么价值？娱乐行业的从业者匮乏的到底是什么？这是困扰我许久的问题。后来在与我们旗下的一名主播吃饭的时候，我发现每个娱乐主播都在过度透支自己的情绪价值，因此很多主播的状态越来越差，抑郁症和焦虑症在直播行业从业者中是很常见的情况。所以我又开始了我们公司的“第二增长曲线——女性访谈”项目，我想通过媒体传播影响时代的女性，让更多女性（不仅是主播）认识到自己并且可以勇敢做自己。当一个人极度缺乏能量的时候，是无法自省的，我们希望通过我们的力量，唤醒正在“沉睡”的女性。对于女性来说，最重要的不是选择的自由，而是不选择的自由。因此，我认为一个女性完成自洽的过程就是成功。

我就先谈到这里。希望看到这篇文章的你能永远像 18 岁一样，充满狂妄和激情。正如我们公司的座右铭：“野性不改，行之有效。”我们不仅要敢于天马行空地想象和玩耍，也要落地开花，掷地有声，行则将至。希望大家能够记住我们，记住我们这支来自新时代的团队——野行，以及这位在互联网领域勇敢闯荡的女孩——野雨。

我们不仅要敢于天马行空地想象和玩耍，也要落地开花，掷地有声，行则将至。

从做有 500 万粉丝的头部公众号，到成为行业头部 IP，从海归到再出海，我经历了什么？

■ 林社长

留学生日报创始人
福布斯中国 U30 精英
国际教育头部规划师

出国留学四年，在美国工作一年后，2013 年，我回国创立留学生日报，成为国内最大的服务留学生及其家长的新媒体矩阵。我们专注于为中国学生提供教育服务，为更多中国家庭圆梦。

首次自我质疑后的顿悟，卷面看不出真实差距，我选择出国赛道

在初中阶段，我的物理都是满分。然而，进入高中后的第一次物理考试，我只得了 58 分，不及格，在年级排第八，年级第一名是 98 分，虽然中间只差了七个人，但分数相差了 40 分。

当时老师说了一句惠利我一生的话："你在初中的时候得 100 分，是因为你能达到 100 分；他能得 100 分，是因为卷面只有 100 分。当分值差距拉大时，你们的真实差距就会显现出来。"

此外，我的英语很好，但数学确实不太行，当时我的班主任建议我出国，认为这可能是最适合我的发展道路。

我的本科是在美国俄亥俄州的一所大学读的，之所以选那所大学，是因为那里中国人特别少，当时我去的时候全校只有 20 个中国学生。

这一点我得感谢我的妈妈，她认为我去中国人多的地方上学，就无法真正体验与美国人的交流。后来，我开始从事国际教育行业，我慢慢也发现了这个问题，**很多留学生出国之后其实"学废"了**。一个典型例子是，一个东北人与一群四川人相处四年，最后四川话和东北话都说得非常好，英文水平还和出国前一样。

第二次顿悟后再创业，经历了三个阶段的历程，从做自媒体到帮中国家庭圆梦

完成本科学业后，我在美国工作了一年多，2013年选择回国。当时，国内移动互联网刚刚兴起，投资热潮涌动。我认为回国创业是个千载难逢的机会。

我们最早做的是新媒体，靠写优质公众号文章传播信息，得到了海外高校的关注，逐渐做成了中国最大的留学生和家长的新媒体矩阵，是最早受益于公众号红利的那拨人。在巅峰时期，我们的公众号矩阵有500多万粉丝。这是我创业的第一个阶段。

第二个阶段是在获得腾讯的一轮投资后，我们开始尝试拓展其他业务，为留学生提供留学后的服务，包括找工作、法律服务等。

第三个阶段始于**2020年，我们回归核心业务，致力于帮助中国家庭的孩子实现留学梦想**。在此之前，我们遇到过为几家机构做推广，结果机构把孩子“做砸”了，孩子家长连带着将我们一起告上法庭。为了避免再次出现类似问题，我们就干脆自己做，或至少参与整体规划。

在接触海外高校的过程中，我发现他们对中国学生的需求有非常清晰的认识，但是中国家长不知道。这种信息差很容易被留学中介所扭曲。

揭露高端留学黑幕

事实上，家长们需要知道中国高端留学行业的一些“黑幕”。美

国的高等教育是一种商品，但在孩子教育投资问题上，许多家长不按照投入产出比来衡量。

如果想去世界名校，最常规的路径包括：第一，自己的标化成绩要考好。第二，自己的背景足够优秀，如拿过很多奖、参加过很多竞赛。第三，参加很多的课外活动。你可以这么理解，高考的加分项有限，而国外的世界名校加分项多达上百项，涉及很多维度。

送一个孩子进世界前 100 甚至前 50 的大学，不同的孩子所需花费从 0 元至 4000 万元不等。我见过人大附中的学生，按部就班在学校上学，裸考托福成绩 100 分，自己再拿本书看看，就考了 105 分，然后去了美国排名前 30 的一所学校。有些留学机构为孩子包装的成绩单与实际成绩不符。

更糟糕的是，有的家长知情，有的不知情。有些机构跟家长说，只要能让孩子进入名校，具体操作就不要管了。然而，成绩单造假的情况时有发生，导致孩子无法在当地学校上学，诚信没有了，也被别的学校拉黑。**中国家庭在自己孩子进世界名校的投入往往并不与其最终取得的成果成正比，反而更多地与家庭的资产总额挂钩**。

其实，这种现象在美国也很普遍。有一个中国上市公司老板，要把自己的女儿送进斯坦福大学，找了一个印度裔美国人帮忙，花费约 4000 万元人民币，结果真送进去了。这个人还包装过两个好莱坞明星的孩子，把两个孩子送进了南加州大学。后来媒体曝光，明星孩子是通过购买运动员的身份降分录取的。那个中国孩子的真实水平也受到了质疑，后来发现对中国人的收费是美国人的 10 倍。

揭开美国名校内幕

美国大学的另外一个内幕是，如果你向我捐赠几百万美元，我可能会破格录取你的孩子，即使他们的成绩并不是最优秀的。

中国的大学是严进宽出，美国、加拿大，包括很多英国的大学，是宽进严出。在美国留学的中国学生中，大约有15%的人都面临过退学的压力。这个数字会涨到20%甚至25%，因为国外的课程安排非常周密，每天都有小测验和作业，很多学生真是疲于奔命。

很多中国孩子出国后崩溃的核心点在于，他们发现自己在一个充满优秀人才的环境中变得微不足道。这一点，其实很多考上清华、北大的孩子也会有同感。

很多中国家长为了送孩子留学，不惜卖了房子背上债务。其实这样孩子的留学效果并不好，因为孩子的压力也会非常大。每年，有上百名精神崩溃的留学生回国，其中许多人得了抑郁症。

我前几天刚劝退了一个想让孩子去美国的家长，他家里的预算真的很有限，我建议他考虑中国香港或英国，花销会小很多。但其他留学中介往往不会这么说，因为去美国的服务费贵得多，甚至能多一倍。

于我而言，我希望所有的家长都能得到最好的服务。我希望这些孩子功成名就回来找我时，说一句林老师，您辛苦了。我最享受的那一刻是孩子真的拿到名校录取通知书的时候，全家脸上洋溢着喜悦。很多中国家庭为了孩子兢兢业业奋斗了几十年，孩子是全家的希望。而中国人的名校情结真是太重了。

倒推人生选择，做更清晰的求学规划

我最大的心愿是，有一天，中国的孩子无须再为考取哈佛、耶鲁等名校而挤破头，因为我们自己的学校就是全世界最好的学校。我希望世界前十名的大学里面，有一半都是中国的学校，相信这也是很多人的共同愿景。我们还有大量的发展机遇，我们国家在不到40年的时间里发展成现在这样的世界第二大经济体。但很多家长很着急，愿意拿金钱换时间和空间。

其实，对于家庭条件优越的家庭来说，可以深度挖掘孩子的兴趣点，预先确立孩子未来的发展方向。**通过倒推法，为孩子制定长期规划**，包括初中、高中、大学本科以及研究生的就读地点。是否读博，可届时再作决定。这种规划方式，一次解决一个问题，随着一个一个问题的解决，规划路径会非常的清晰。

同时，这种规划路径也有更高的确定性。例如，明确了解各专业顶级学府的位置，以及进入所需的条件，想上这些学校需达到的托福成绩等。如果目标学校在国内，就准备高考；如果在海外，就做出国准备。

不是所有的孩子都适合出国

我不是劝所有的富裕家庭都让孩子出国，因为不是所有孩子都适合出国。如果孩子出国能让家庭实现一次飞跃，且孩子明显更适应海外环境的话，那可以考虑出国。还有一种情况是，孩子在国内已经读完本科了，想去国外看一看，获得一定的海外经历，也是可以的。对孩子来说，没有留下遗憾。

一个存款100万元（流动资金）的中产家庭，顶多动用35万元送孩子出国留学，不应超过这个数字。因为在留学期间，还有一些额外的花销。如果家庭为了孩子出国留学而负债，甚至不惜卖房卖车，那我建议这样的家庭不要送孩子出国。**这种行为和赌博没什么区别，**

等于赌自己的孩子出国之后就能成才。可现实是，出国成不了才的孩子比比皆是。与此同时，这样的孩子需要承受的心理压力也非常大。如果真要出国，争取全额奖学金，靠自己的实力走出去才是最好的选择。对于普通中产家庭，如果孩子能上 985、清北等顶级学府，最好还是优先选择在国内深造。

美国人经常说一句话，“Don’t take it for granted.”意思是不要想当然。在决定是否送孩子出国时，同样应保持谨慎。

反思自我定位，把握时代机遇

曾经有一个典型案例，把一名 GPA 仅为 2.0 左右的学生送进了哥伦比亚大学读研究生。在规则之内，搞定文书，准备了出色的推荐信，并挖掘出孩子的最大潜能。

从 2021 年开始，我已经服务过近百名留学生。继续往前推的话，累计服务的留学生人数已经超过五百名。我觉得我会在留学这个行业做到退休。未来，我可能会进入不同的阶段，但我最大的理想还是创办一所学校。

我们面临百年未有之大变局。我们应该多反思自身定位，思考能为世界、为中国作出何种贡献。找到适合自己的赛道，把握时代机遇，发挥人生杠杆的作用，没有比现在更好的时候了。

找到适合自己的赛道，把握时代机遇，发挥人生杠杆的作用，没有比现在更好的时候了。

拥抱蓝海

从事医美行业12年，我决心用教育推动教育

■ 豆豆

中国整形美容协会咨询分会常务理事
杭州感知美医疗咨询 CEO
拥有医美行业 12 年实战经验
TYU 分区联动设计创始人

“医美医的不是‘丑病’，是‘心病’。”这是我从事医美行业 12 年来最大的感受。

我在自己脸上花了超过一辆劳斯莱斯的钱，亲身体验了每一个医美项目，眼部手术做了 8 次，鼻部手术做了 13 次，下巴手术做了 5 次，打的针剂数不清，做的这些项目、走过的心路历程让我更加深刻地理解每一位医美用户的心理。没有人比我更懂医美消费者，我认为这个是我这 12 年来收获到的最大的财富。

我从小就很爱美，小时候长得可爱清秀。上学的时候，有很多小男生给我塞情书，当时我感觉自己还挺受欢迎的，就特别注重自己的外表，不认真学习。老师很生气，因为当时我的文科成绩很好，于是老师惩罚我，把我的座位调到最后一排。刚好最后一排后面有个插座，每天快到放学的时候，我就把夹发板一插，开始躲在课桌下面偷偷夹头发。

由于精力没放在学习上，高考我只考取上海的一个大专。从家乡大理来到上海这个时尚之都，当时的我觉得自己很土。我学的是形象设计专业，于是我下狠心好好学习，高考失利没关系，我不相信我不能靠自己在这个社会活下去。没过半年，我就把高级化妆师证考到手了。从大二开始，我就兼职做化妆师。可能是在美这方面真的有天赋，就算边兼职边上课，每次考试我也能考过。由于成绩优异，我被老师内荐到东方电视台做助理化妆师，工作内容就是辅助主化妆师帮上节目的嘉宾做造型，当时工资只有 1600 元。对于我来说，能去电视台工作就已经是很大的荣幸了，所以根本不敢谈任何条件，但是 1600 元确实不够生活开销，所以空下来的时间，我还会偷偷去接私单，以及去便利店打小时工，每天都在为生计奔忙。

进入医美行业的转折点出现在 2011 年的一天，当时我在后台化妆间给嘉宾化妆，听她们一直在聊变美的事情，说打一针就能让鼻子变高，打一针就能让脸变小，听得我化妆的手都在发抖。下班后，我问到了具体信息，自己拿着一个月的工资也去打了一针，发现鼻子真的变高了，这太神奇了！医美比化妆还来得直接，想变漂亮就变漂亮，我暗暗下定决心，以后一定要做这个！

接下来，我开始大量收集这个行业的信息，到处学习，跟家里借了 50 万元，开了一家皮肤管理店，主营内容就是帮客户处理皮肤的各种问题。在行业混沌时期，我赚到了自己的第一桶金，第一年就赚了 800 多万元。

当时，我才 20 岁出头，现在我真的觉得，人太快赚到很多钱不是一件好事，对于一个 20 岁出头的女孩子来说，账户上躺着几百万元，就像是让一个小孩子抱着一块金砖去走夜路，很有可能会遭遇危险。

由于我从小家里人都没有教过如何谈恋爱，更没教我如何保护好自己、辨人识人，爸妈教育我的一直都是女孩子要规规矩矩过日子，时间到了就找个人嫁了，好好在家相夫教子。我被这个观念影响很深。

我记得很清楚，2017 年，我真的感觉人生要圆满了，因为事业很顺利，经过几年的积累，赚了很多钱，感情也很顺利，男朋友许诺年后就回家订婚。

后来，男朋友说他的生意出了问题，找我借钱周转，一来二去借了 100 多万元。没想到说好了还款时间，他却连着拖了三四次都不履行承诺。当我开始觉得事情不对劲的时候，对方终于露出真面目，丢下一句话：“我就是没钱，怎么办?”我回去哭了好几天，身边朋友看我不对劲，一直问我发生了什么事情，要帮我主持公道，几个写公众号的朋友帮我写了两篇讨伐渣男的文章。这件事激怒了对方，在来年的“315”实名制举报我的皮肤管理店，以此来报复我。

你们以为我的医美之路就此结束了吗？并没有，我用积蓄继续创业，我做过医美 App，拿了天使投资，接连开了 4 家医院。在别人都觉得我的生活一帆风顺时，谁都没想到我得了抑郁症，一夜一夜失眠，每天都像被人推着往前走，我不知道这一切是为什么而做，更不清楚以后的生活该怎么开展，一切对于当时的我来说都没有任何意义，每天都像行尸走肉一样工作，心里只有一个声音：**你不能倒，别人需要你，他们在看着你**。

直到有一次接触了慈善事业，当我走进山区的学校，看到那些让我一辈子都无法忘记的场景时，我才真的知道我未来该往哪里走了。那些孩子的眼睛太干净了，干净到你能在他们的眼睛里看到小时候的自己，**我真的建议每个看到这里的企业家都去感受一下，那是一种根本无法用言语来描述的震撼**。

有人说，慈善这件事边说边做就不是真的想做，只是为了给自己贴金，但我认为，如果只是默默地做，那些山里的孩子就很难被看到，他们可能认为世界就是他们看到的那样，这很不公平。看到了再选择跟看不到没得选是两回事。这些年的感触就是，我从来都不是一个按常理出牌的女孩子，也不会在意别人的评说，这件事我想做，无论前路多艰难，我也能踏出属于自己的路来。

此时此刻，我在医美行业做什么呢？我开了一家教培公司，专门做医美咨询师培训，为那些真正喜欢医美行业的女孩子指一条路。太多人不懂这行的弯弯绕绕，我亲眼看到很多想做医美行业的女孩子被骗去做人拉人的事情，更有甚者，有人被行业里的分销模式骗得倾家

荡产。

我一定不是这个行业里做得最好的那一个，但我一定是这个行业里在每个风口都拿到过成果的那一个、所有坑都踩个遍的那一个。这个行业到底是什么样的，哪些该做，哪些不该做，如何做，我想，在新时代的医美市场里，我这个身经百战的女孩更有发言权。

为创办这个教培公司，我前后准备了 8 个月，整理了我 12 年的从业经验，联合中国整形美容协会一起办学，为行业树清风，立志给新时代的医美行业输送 5000 名人才。为了这个目标，我愿意未来都做这件事。现在的医美行业名声太差了，很多人提到医美都觉得是暴利行业，其实并不是这样的。同样都是医疗，为什么心脏搭桥手术大家不会觉得暴利，割个双眼皮就觉得暴利？因为生命的重要性远大于美丽，但是美丽的存在会让生命的质量更高。我公司收的学费，都会捐一部分给贫困山区的女童，因为这些年做慈善，我发现了一个现象：在贫困地区，教育资源都是男孩子优先享受，很多女孩子甚至没有机会进入高等学府，所以我最近都在推动成立一个助学女童的慈善基金会。**我相信，未来的世界需要这群女孩子，这个世界需要一股温柔的力量**。用教育推动教育，这就是我想做一辈子的事情。

说到这里，还没给大家做自我介绍，我叫吴静，小名豆豆，是 1994 年出生的云南大理的女孩。我从事医美工作 12 年，所有医美项目我都亲身体验过，带过 2000 多人的医美市场团队，开过连锁医美医院，做过线上医美 App，很高兴认识你！

用教育推动教育，这就是我想做一辈子的事情。

出身小乡村的我，致力于推动品牌全球化

■ 卡哥

HE OR SHE 母婴品牌创始人
“跨境星球”发起人

如何感恩这个时代？我的回答就是：**成为这个时代的一部分**！

这是 2021 年我在杭州阿里巴巴总部演讲的结束语。当我第一次站在千人大舞台，向世界大声宣告内陆小企业主的品牌出海梦想时，或许我命运的齿轮从那一刻开始加速转动。

大家好，我是卡哥，一位连续 20 年的外贸行业创业者，目前拥有 3 个团队和 3 个跨境出海品牌。我也是全网 30 多万粉丝的跨境创始人 IP，这是我第一次以联合作者的身份与大家见面，既紧张又兴奋。在这里，我想重新自我介绍一下。大家好，我是卡哥（Carson Lee），一个在品牌出海之路上孤勇向前的“小镇中年”。

说来也惭愧，虽然我自己也算是一个小博主，在自媒体冲浪了几年，也一直在坚持原创输出，但是真正面临写作时，还是感到迷茫。于是，我下意识地用自媒体人惯用的思维模型做推导，咱们这本书的定位是什么？目标读者是哪些群体？现在读者们都爱看怎样的内容？我与其他作者的差异化体现在哪？带着这一系列问题，我翻来覆去思考了很久，也找不到答案。大家看到了吗？就连博主本人也会陷入信息茧房，越来越精细的自媒体算法会迎合用户的偏好，让我们只看到自己想看的内容，听到自己认同的观点，久而久之，所有人会像蚕一样，被禁锢于算法编织的“茧房”之中。不仅如此，作为内容输出方，也会被打上对应的标签，一旦被打上，我们只会分享相关内容，取悦精准受众，因为这样才有流量。如果按照这个思路，那么接下来我的后续内容毫无疑问将围绕“从 0 到 1 快速搭建跨境品牌”“中小企业如何通过差异化营销实现破局”等主题展开。不是我不愿意分享，而是我突然有了一点小私心。我不知道这本书将会在何时、何地、以何种形式出现在各位面前，但当你翻到这一页，你所认识的卡哥，将不再是博主、品牌主理人或是讲师主持人等带有距离感的角色。此刻的我，只是你的一位老友，可能素未谋面，也可能是相识多年。我想用一小段篇幅讲述我的成长故事，这篇故事可能不会像自媒体平台一样，有可视化的数据让我分析研究，但是我相信你一定能感受到我100%的真诚和热情。请耐心将它读完，好吗？接下来，请跟随我的视角，一起看一个“80后”农村少年崛起的故事。

1986年，我出生在湖南浏阳的一个小乡村，祖祖辈辈都是农民，家里有6个兄弟姐妹，我是最小的那个。这样的草根出身，大多数人的人生轨迹或许是：除非智力超群，天赋异禀，否则即便成为家族甚至全村的第一个大学生，没有资源支持，没有意见领袖，没有彩票中奖的运气，人生很大程度上会是父母生活的复制粘贴。

现在回忆起来，我爸妈还是没有任何偏心的，对孩子们都一视同仁，具体体现在不论年纪大小，在他们眼中通通都是劳动力。小时候，家里做蜂窝煤生意，我从小放学回家就被撵进煤房帮忙打下手，做煤那可是个脏活累活，经常干干净净地进去，再出来就成个了小花猫，一身脏兮兮的。小时候的我又好面子，不想让同学们知道我回家还得干脏活累活，于是我每天上学前都要仔细检查自己手指甲缝儿有没有黑炭残留，鞋面也是刷得干干净净。这个习惯我保留到了现在，出门前最后一件事就是检查鞋子。

大家可能都不知道，煤球一般是2—3个月送一次，但都是赊账的，每户人家的煤钱都要到年底才结算。寒冬腊月，家家户户都张灯结彩，喜气洋洋迎新年，而我们家却气氛紧张，这个时候哥哥要开着运煤的拖拉机，让我坐在后座，挨家挨户地去收煤钱。这笔煤钱关乎全家一年的生计和我来年的学费。在路上，会路过同学家或玩伴家，所以我都是戴个大帽子躲在哥哥身后，生怕他们认出我来。可是讨账之路并不总是一帆风顺，经常会遇到一些打马虎眼儿的户主想要拖欠，我哥是个老好人也拿他们没办法，眼看着要无功而返，这个时候我感到无形中有一股力量推动着我，那个整天躲在哥哥身后的小黑球，此刻却化身成为小战士，勇敢地去争取。无论撒娇卖萌，还是死缠烂打，我都想尽一切办法让他们爽快结账，这样我家才能过个好年，我才能继续读书。

经常有人问我，卡哥，你为何总是充满活力，干任何事情都充满激情，动力十足，秘诀是什么？**或许是我早早意识到，人生只能靠我自己。无论目标有多难，我都得想方设法实现，坚信办法总比困难多**。后来在几个哥哥和姐姐的照拂下，我算是能安安心心地上学。当然我也很懂事，为了能早点进入社会挣钱减轻家里负担，我初中毕业后去了我们浏阳当地一所四年制的外国语学院学英语。那四年的在校时光虽短暂，但让我从内向自卑的小男孩变成了大方自信的有志青年。在校期间，我非常努力刻苦地练习口语，受到了很多老师和同学的喜爱，同时也结交到了非常宝贵的人脉。很多同学和校友后来成了我重要的工作伙伴，特别是有几位元老级别的战友，从创业之初就与我一起并肩作战直到现在。因此，我对母校的培养和校友们的信任心存感激。2022 年，我还荣幸地被母校邀请作为荣誉学长参加新生开学典礼演讲，视频播出后，粉丝量猛增十多万。

时间线拉回来，2004 年，我正式毕业，刚好满 18 岁。得益于专业优势，我直接踏入外贸行业。那时，中国刚加入 WTO 不久，遍地黄金。就算是普通人，只要胆子大，再勤奋一些，就会有无数的赚钱机会。因为我是浏阳人，浏阳是全世界闻名的烟花之乡，借靠着产业带的优势，自然也就做起了烟花生意。但烟花外贸公司多且门槛很高，我一个新人刚入局，是很难有机会脱颖而出的。于是，我运用差异化营销策略，开发烟花周边产品——孔明灯。经常有朋友说我

“卷”，甚至连老婆孩子也说我是工作狂，但我只能感叹一声，幸好你们不是在年轻时认识我。20 岁的我，堪称“卷王”之王。我一心一意投入工作，拼命努力，忙起来昏天黑地，吃住都在办公室。在奋斗的过程中，我幸运地得到了海外贵人的帮助，我的工厂很快成为全球头部卖家的首选，我也赚到了人生当中的第一桶金。

回首我在外贸这条路上走过的 20 年，差异化营销始终是我坚持的核心战略。作为“卷王”的我真的从未停歇过，这些年我涉足过很多行业，如白酒、服装、餐具等，实体和电商都有尝试，遗憾的是这些尝试最后都以失败告终。唯一庆幸的是我一直坚守在外贸领域。随着经济发展迈向快车道，虽然“中国制造”风靡全球，但是实际情况却是，国内大部分企业都在做廉价搬运工，尤其身处烟花行业的我感触最深，烟花行业属于高危产业，烟火爆竹制作技艺是国家非物质文化遗产之一，很多产品至今都保留着纯手工制作的工艺。出厂价几块钱的产品，只要贴上一个英文商标，售价立马翻倍，钱最后都进了老外的口袋里。那个时候我就开始思考，在国内，以烟花为代表的优秀传统行业那么多，为什么就只能做代工？我们到底缺什么？没错，答案就是品牌！因此，在 2018 年，我决定在家乡浏阳，以一个 18 线小县城的小企业为起点，用烟花品牌 BOOMWOW，正式开启了我通往品牌全球化探索之旅的大门。在这之后，我大胆尝试，积极拥抱各种可能性。既然决定了要做，那就要做出不一样的成绩。我的自媒体之路是从海外平台开始的。2018 年，我在 YouTube 上进行了行业内全球第一场线上直播，成为多次受邀在海外分享的亚洲面孔，品牌势能迅速在行业内建立起来。

时间来到 2020 年，因为一些众所周知的原因，外贸企业受到的冲击无疑是毁灭性的。很多中小企业甚至是大企业都没能熬过去，我们的小团队也面临着同样的挑战，客户进不来，我们出不去。在家办公的我也是没敢停歇，持续 11 天在 Facebook 进行直播，为海外客户带来最新的行业动态。最终，我们收获了全球头部客户的全面关注和转发，以及深入合作的机会。

在“一胎”烟花品牌成功的探索下，我将目光又投向了母婴行业。借助网红经济的效应，“二胎”母婴品牌 HEORSHE 以其独特的品牌调性，迅速获得了全球 5000 多名网红妈妈的推荐，现已成为中小企业用小杠杆撬动大市场的典型案例。

2022—2023 年，在行业出口受阻、面临严峻挑战时，基于之前的海外自媒体和品牌经验，我们成功运用 IP 联名方式开启了烟花 C 端品牌化的探索，引发了行业的爆炸式增长。这也让我更加坚定了打造品牌和推进品牌全球化的梦想。

到这里，我的人生故事也讲得差不多了。回想我的人生历程，不禁让我思考：我的命运齿轮真的是在 2021 年才开始转动的吗？

不，不是的，命运的齿轮才不会无故自转，都需要靠自身拨动。拨动齿轮的，是幼年时期为自己的学费挺身而出的我，是中学时代苦练英语专业技能的我，是进入社会后努力工作、赚钱养家的我，是创业 20 年仍对各行各业保持敬畏之心的我，更是此后余生坚定为品牌出海事业摇旗呐喊的我。

最后，如果要为这篇文章赋予一点意义，**那我希望读到这里的你，能像我一样，始终坚信命运掌握在自己手中。让我们一点点努力，一步步前进，将幸福和梦想化作现实！**

命运的齿轮才不会无故自转，都需要靠自身拨动。

去义乌创业，我选择过有挑战性的人生

■ 卢卡斯（Lucas）

Uebezz 跨境创始人

Uebezzsupplier. com 海外供应链平台主理人

TikTok 东南亚、美区、英区 MCN 及 TSP 负责人

TikTok Shop 义乌产业带基地负责人

命运的迷人之处不是如愿以偿，而是阴差阳错。痛并快乐着，这是我 2 年半创业之路最真实的独白。故事始于研究生时期，我学的是汽车轻量化设计专业，获得了国家奖学金，也得到去悉尼公派留学的机会，最后如愿以偿地拿了央企的 offer，一切都很顺利。然而，在毕业之际，我鬼使神差地决定去义乌创业，追寻心中的诗和远方。

2021 年 3 月，提前完成毕设后，我来到了小商品之都义乌，这个创业者的天堂。我瞄准了跨境电商行业，有朋友在短短几个月赚了 200 万元，让我心生羡慕。不顾家庭和导师的反对，我孤身一人前往义乌，开始了我的创业之路！刚开始我和朋友一起经营美国的一个电商平台 ASI，主要批发商品。因为疫情的缘故，N95 口罩还比较好卖，我们很快就接到了几个大的批发单，初出茅庐的我倍感欣喜！每天工作结束后，我就去玩剧本杀，这期间也认识了很多义乌的朋友。依稀记得当时剧本杀非常火爆，我冲动地决定开一家剧本杀店。年轻气盛的我，火急火燎地选址、招聘，不到一周的时间里确定了场地和员工。我还去了很多剧本展会采购剧本，一个月后，我的剧本杀店就开业了！和预期一样，刚开业就迅速火爆义乌，借助电商思维在美团、抖音等平台引流，大概 2 个月时间就冲上了美团排行榜第一，成为义乌有名的剧本杀店。

2021 年 5 月，我马上要毕业了，就回到了学校准备毕业论文答辩。因为我发过几篇 SCI，并有发明专利，很顺利地研究生毕业了。然而好景不长，我回到义乌后，店里生意大幅下滑，员工摸鱼，和朋友合伙的 ASI 外贸生意也进入了淡季。我深感痛苦，也意识到自己的管理能力不足，我没办法激发团队潜力，**我更像一个孤勇者，用自己的个人能力带领团队，终究难以持久**。这期间，我内心挣扎，深感煎熬。因为我是个很要强的人，当初开剧本杀店的时候，家人、导师和命运的迷人之处不是如愿以偿，而是阴差阳错。

朋友都很不理解，觉得我这硕士白读了，放弃了全上海只招 3 个人的央企技术岗，非要不务正业去义乌开剧本杀店。家人每次电话中都劝我回头，但越是不被理解和认可，我就越想证明自己。然而，每天累到精疲力竭，收获却和付出不成正比。

就这样浑浑噩噩地到了 2022 年底，我忽然发现了一个新大陆：TikTok！当我第一次接触到海外抖音时，惊喜不已，原来老外也喜欢刷抖音！那我必须迅速了解这个市场，于是疯狂查资料，翻阅各种论坛，寻找与 TikTok 相关的内容和技术文档。然而，能找到的资料少之又少，我只能自己摸索。至今都记得，我曾熬了一个通宵，终于把手机刷成 TikTok 兼容的版本，通过科学上网注册了第一个 TikTok 账号，打开了新世界的大门！**沉迷于短视频和直播的我，就像一个迷路的孩子找到了新的方向，瞬间干劲十足，准备在这个新领域大施拳脚**。鉴于自己在管理上的不足，我决定加入一家主营 TikTok 的外贸公司，但是翻遍了各个求职网站都没找到相关职位。我意识到 TikTok 尚处于萌芽期，很多公司还处于观望阶段。这时，又一个改变人生轨迹的想法在我脑海中诞生了，创办一家专注于 TikTok 的公司！没人做说明这是风口，抓住机会就会实现弯道超车！说实话，我还挺佩服我当时的勇气，尽管没有经验、参考案例，且因开了剧本杀店也没有太多资金，就这样被一种莫名的自信和信念支撑着，我很快注册了第二家公司优必思，并决定以水晶类目为起点。同时，在美国注册了 Uebezz 公司和美国商标，这个名字的特殊含义就是提醒自己，想要优秀，必须时刻保持思考。

临近 2022 年春节，俗话说“辞旧迎新”，于是，我决定在春节后和剧本杀让告别，租了新的场地，招聘员工，开始了我的 TikTok 创业之路！这次我不再鲁莽冲动，谨慎地分析了在 TikTok 这个比较特殊的跨境平台上取得成功的必备条件：人、货、场。首先是人，因为在义乌比较好招外籍主播，我招聘了 2 名外籍主播、1 名英语老师和一个有国内电商经验的男生负责短视频剪辑，我自己担任运营，只差一个负责发货的人，为了节约成本，我决定自己打包发货。就这样，一个低配版的 TikTok 直播间就搭起来了！接下来是货。经过仔细研究，我发现欧美国家特别喜欢水晶，几乎每家都会有个水晶摆件。他们认为水晶具有能量，能带来某种神秘的力量和功效。为了迎合这一需求，我特地前往东海连云港采购了一批水晶，也在义乌本地的水晶街挑选了一些水晶摆件，如骷髅头、南瓜头、幽灵等，这些摆件的独特设计深得老外喜爱。一切准备就绪后，我们正式开播了。比较幸运的是首播就出单，我清楚地记得第一场播了 2 小时，成交了 15 单，收入 168.5 英镑，让我激动不已。当时的我更加有信心，也更加坚信 TikTok 这条路能走！就这样，我们开开心心播了一个月，每天都能稳定收入 300—500 英镑，偶尔能破千。在当时英国市场，这个成绩还算比较不错的。第一个月共收入 15000 多英镑，扣除货物、人工和房租成本，还有 3 万多人民币的利润，也还可以。我心想不出意外的话，下个月收入会更多。然而，疫情突然来袭，正在上升期的直播被迫停止。被封在家的我心情抑郁，刚刚燃起的希望被无情打破，这种无力感让我真的非常绝望。不过，疫情在家期间也让我和女朋友有了更多的时间在一起。我试图说服她一起加入 TikTok 事业，作为海澜之家头牌主播的她，尽管最初不感兴趣，但 TikTok 的种子已经悄然种下。

经过一段时间的等待，疫情终于得到控制，我们赶紧回到公司，整理复播。预想的流量增长并未出现，我们增加强度播了一周，但流量依然低迷。新的挑战又来了。此时，仿佛老天在帮我一样，Tik-

Tok官方宣布4月25日，东南亚市场要上线了！马来西亚、菲律宾、越南和泰国全面开放！这时候我果断选择了马来西亚，因为有个当地的朋友，对马来西亚市场比较了解，我们选择了印花T-shirt作为主营产品，选择了20个受马来西亚欢迎的图案，印制了第一批短袖。第一场直播GMV达到了5100马币，这个成绩完全出乎我们的意料。第二场直播，我亲爱的女朋友大香终于被我说服，与外籍主播Layee配合，这场直播刷新了我对TikTok的认知。从晚上11点开播，可能由于换了新的主播组合，加上场景的调整，在线人数增加到700人，平常我们在线人数最多300人。看着直播大屏上的数字疯狂跳动，原本准备播2小时的我们决定加播，凌晨1点时，GMV已经突破1万马币。大香的状态越来越好，把她的销售技巧运用到直播中，Layee也激动地在直播间跳舞，在线人数迅速增加到1200人，这是我们首次在线人数破千！整个直播间都沉浸在爆单的喜悦中，下播已是半夜2点，GMV达到了2.5万马币。后来我们才知道这场直播刷新了当时马来西亚服装单场纪录！在那之后，大香终于同意辞职，全力支持我一起创业。一路走来，我们就像升级打怪一样，不断克服困难。其间，我们特地前往马来西亚建立了直播基地，主营饰品类目。我们也从英语直播改为用马来语直播，成为当时饰品类目的TOP-1，我们多次被官方邀请参加交流会，分享经验。

2023年2月，公司规模已经从最初的5个人扩大到20人的小团队。此时东南亚市场已经满足不了我们了，我们决定挑战新的市场：美国。美国一直是所有电商的终极市场，是最大的一块蛋糕！不过当时TikTok还没有全面开放美区小店，我们只能通过Shopify独立站将客户引流下单。成功拿到了官方内测名额后，我们开始了美国半闭环的新模式。我们选择的还是最熟悉的配件类目，尤其DIY配件在美国特别受欢迎，平均单场直播能够带来2000—3000美元的收入，周末能达到5000美元。我已经不再为单场直播达到2.5万马币而激动，因为我想追求更高的GMV。就这样，我们比较平稳地度过了3月。终于，内测已久的美国本土小店流量全面开放，非常感谢当时我在美国的表姐，她帮我开了一个小店，收益颇丰！在3月至5月期间，我们的GMV直线上升，这期间我们还抓住了娱乐直播的红利。我们新租了一个场地，增设了6个直播间，开展娱乐直播业务。我们开创性地在台湾地区推出了弹幕游戏直播，因为当时做这项业务的人很少，每天轻松获得2000美元的打赏收益，几乎刷屏了当时的所有娱乐公会。因为当时的台湾娱乐直播还停留在基础聊天阶段，我们的弹幕游戏直播以其独特的形式，实现了降维打击，独占鳌头，收获了一波流量红利。

在2023年8月8日，我们公司新租了半层楼，总面积达1200平方米，员工规模更是突破至35人。换了新场地后，公司在各方面取得了跨越式的突破。在这个月，我们在TikTok美区创新了达人营销模式，充分利用我们在美国的资源，与美国达人建立联系，寄送样品，他们在美国通过短视频和直播的形式帮我们带货。当月的GMV达到了20万美元，单日GMV最高更达到1.5万美元，成功推动了几款单品的热销。如果不是工厂断货，当月GMV至少能达到50万美元。**人在顺境的时候，一切进展都如水到渠成**。我们最早在英国开展业务，因为政策原因停滞了很久，但是最近我了解到TikTok的新模式“全托管”，这也是TikTok向Shein和Temu学习的模式，虽然很多人不看好TikTok的全托管模式，但作为TikTok的忠实粉丝，我毅然决然地投入了30%的资金，这一决策也为后边的故事埋下了伏笔。

从10月开始，TikTok美区商家遭遇了困境，虚拟仓开始严查，也就是说我们再也不能从中国发货到美国。就像当年亚马逊封店潮，TikTok美区也出现了大规模封店现象，我们的店铺也没有幸免，被封存了15万美元的货物。这仿佛从顶楼坠落，摔得很痛，但也提醒了我，合规经营至关重要。若想继续在美国市场发展，必须备货到美国！我在8月全托管备货的第一批货物此时开始猛然发力，10月1日国庆节当天，达到了10万人民币的销售额，甚至超过了我们在美国本土的店铺。这使我们重新振作起来，调整战略，果断将公司剩余的资金投入备货，把测试出来的热销产品送至美国。事实证明，这个决定是正确的。11月，再次封杀了一批虚拟仓店铺，还好我们提前备了货，店铺慢慢也都恢复了正常运转。公司重整旗鼓，被封存的资金也逐渐回笼。新的战略方向也更加清晰：**海外仓备货＋达人营销＋商业化投流＝美区爆单密码**！

写到这里已是凌晨2点，这是我平常仍在工作的时间。回顾过去两年多的经历，我希望能够给读者带来一些启发和鼓励。尽管现在的我称不上成功，但总算对得起自己的努力。如果再选一次，我还是会毫不犹豫地放弃安逸的工作，来义乌创业。**因为我喜欢充实且具有挑战的生活，喜欢自己能够把控未来，痛并快乐着**！

南漂 10 年，我如何做出引领 TikTok 行业发展的平台

■ 发哥

TikTok 门户网站“TKFFF”的创始人
TikTok 活动分发平台“TT 活动吧”创始人

你想不想知道：一个独自从西北来福建求学的普通学子，如何在短短不到2年时间内，从月收入几千人民币，实现厦门买房梦；从跨境行业小白到行业KOL，只用了1年的时间，便创造出引领TikTok行业发展的平台！今天，我为你分享这个故事！

大家好，我是发哥，TikTok门户网站“TKFFF”的创始人，连续创业十年的创业者。

我的创业历程始发于大学时期，第一次创业项目是一个家教中介平台，这个平台打破了家长与大学生家教之间的信息壁垒，成功地为500多对家长和大学生家教搭建了桥梁，成为当时最受欢迎的家教平台。**在那个信息比较闭塞的时代，我成功靠着“信息差”这一商业杠杆，赚到了一笔不菲的收入。**

大学毕业之后，我选择了金融行业，凭借对行业趋势的判断和平台化的信息差思维，我创建了金融信息综合服务平台。在2014—2017年的金融热潮中，仅用1年多的时间，让我赚到了人生意义上的第一桶金，并在厦门安家落户。我再次认识到了信息差蕴含着巨大的商业价值。

然而，创业之路并非一帆风顺，市场风云变幻，创业的风口转瞬即逝，金融项目开始走向下坡路。于是，在2017年之后，我又陆续接触了一些项目，事业起起伏伏，一颗心始终悬着。是啊，对于创业中的我，如何在不确定性中找到确定性显得尤为重要。如确定项目、找合伙人、快速启动盘等环节，都是如履薄冰，需要三思而后行。**在涉及知识盲区的股权架构、融资、事业版图扩张等方面，一个疏忽就可能成为掣肘公司发展的关键因素。**

创业过程中会遇到非常多的挑战，如项目前期调查失误、起盘后发现与预期有差距；合伙人股份分配不合理导致的消极内耗；不懂股权架构，引入投资人的负面影响；遇到同行恶意竞争和舆论抹黑等。

创业过程中真的可以见到商海百态，在这期间，我经历了创业以来的至暗时刻。在公司运营模式跑通之后，我拿到投资，公司进入高速扩张期，2 个月的时间，公司员工人数就从 40 人增加到超过 100 人。正当我以为要大干一场时，却迎来了同行的舆论攻击，公司业绩大幅度下滑，投资人撤资，公司现金流几近枯竭。我不得不思考：是咬牙坚持？还是断臂求生？或是果断清盘？

5 个合伙人、6 位高管、100 名员工，我要如何安排？坦白讲，我内心感到十分焦虑……

我陷入了迷茫，不断地思考我的出路到底在哪里？在经历了几天的挣扎后，我静下心来反省、复盘，主动寻求各行业前辈的建议。经过多轮会议与洽谈，项目最终平稳着陆，上游供应商、下游客户、员工、股东及其他合作伙伴都得到了妥善的安置。虽然这个项目历时一年半最终失败了，但是却得到了特别的礼物，收获了一批在创业初期同甘共苦，在艰难时刻勇于共同承担责任的伙伴。

这个项目之后，我感觉心力交瘁，情绪低落，在家休息了好长一段时间。有一天，我的老婆在微信上给我发了一句话："创业就是一个生命成长的过程，顺境的时候长个，逆境的时候长根。"她一语点醒梦中人，意识到在上个项目中，我并非一无所获。

踏实做事，那些曾让你感到压力和挑战的经历，终将让你更加强大；在逆境中保持前进，只有不下牌桌，当机会来临时，才有机会爆发；项目都有周期，但朋友是永恒的，努力为大家提供价值，帮助他人成功，让更多的人希望你成功。

机缘巧合，在朋友的带领下，我进入了当时高速发展的跨境电商行业。我从亚马逊选品软件销售开始做起，逐步涉足亚马逊和沃尔玛的自营业务。我组建了团队，研发了亚马逊选品软件，后来也有了属于自己的亚马逊陪跑孵化、代运营团队。

在跨境电商领域，我走得既踏实又顺利，不仅对跨境电商有了非常深的理解，还结识了许多亚马逊行业的好朋友。

2021年5月，亚马逊“封号潮”来袭，波及超5万个中国卖家。大批品牌店铺被封停，包括Mpow、VicTsing、Austor、TopElek、Atmoko、TaoTronics、RAVPower、Apeman、Homfa等，涉及帕拓逊、傲基、泽宝等多个华南顶级大卖家。据深圳市跨境电子商务协会（简称“协会”）统计，2021年5月至7月，亚马逊平台上被封店的中国卖家超过5万家，行业损失金额预估超千亿元。在这一事件的影响下，很多亚马逊卖家开始关注其他平台，TikTok成为大家重点关注的对象。

海外版抖音TikTok自2017年上线以来，在全球范围内爆发式增长，深受全球用户喜爱。2021年初，TikTok英国和印尼小店上线，在亚马逊封店潮的影响下，亚马逊卖家们更加关注TikTok的电商化潜力。

2022年4月，TikTok小店在东南亚四国（泰国、越南、马来西亚、菲律宾）上线，尽管平台上线初期商品匮乏，但出现了短暂的红利窗口期。部分亚马逊卖家和“虾皮”卖家摩拳擦掌，相继进入TikTok的电商赛道。所有的跨境电商人都知道TikTok蕴含着巨大的机会，都在等待属于自己的入场机会。

2022年8月，TikTok小店的赚钱效应逐渐显现，TikTok电商热席卷整个跨境电商行业。我敏锐地感觉到，自己的入场机会到了。

因为TikTok对信息的依赖度非常高，信息密度大，更新又非常快，传统的信息传播途径根本无法满足行业需求。因此，我又开始了自己的第三次“信息差”革命，注册了自己的网站域名 TKFFF.COM，谐音“TK 发发发”，进军 TikTok 信息服务平台的赛道。

从网站建立到现在 16 个月的时间，“TK 发发发”已经收录了 600 多个 TikTok 上的常用工具、1000 多份行业深度观察报告、300 多场行业活动，累计服务用户超过 100 万人。平台从 TikTok 导航、活动、资讯、货盘、社群、展会、人脉等多方面解决大家做 TikTok 信息不对称的问题，提高大家运营 TikTok 的效率。

在 TikTok 创业一年多时间里，我深度交流的 TikTok 玩家超过 1000 个，见了无数的团队和项目。我发现这个平台跟以往所有创业项目相比，完全不一样。TikTok 的发展潜力非常大，几年内都看不到平台的天花板。但是，同样的项目，它的生命周期却特别短，机会一出现，大家就看得到这个机会，并预见到接下来的发展路径。因此，在机会初露端倪时，很多团队就跳过测试期，大资本投入，抢占机会瓜分市场。不知道为什么，总感觉大家在做 TikTok 项目时，都拥有上帝视角。

2022 年年中，东南亚各国 TikTok 小店上线，大量商家以店群铺货模式快速入局，没想到国庆假期结束，大面积的风控措施接踵而至，紧接着元旦左右封控了无人直播项目。2023 年初，大家还在激烈讨论东南亚市场的本土化运营，到了年中，已经没有人再提本土化，所有有能力本土化的商家都已经完成了本土化。

随着美国小店的全面上线开放，投机者店群铺货项目的红利期明显缩短。TikTok 中视频模式的成功运行，吸引了千万级资金在一个月内涌入，风控措施也随之而来。同样的一幕，也在短剧出海赛道上重现。

过去一年中，TikTok 平台的发展带来了无数次创富机会，能否

享受到时代红利，关键在于能否第一时间掌握信息差。

TikTok 平台具有潜力大、机会多、迭代快、高度依赖信息等特点，刚好这也是我们“TK 发发发”门户网站创立的初衷。

不知道大家有没有意识到，从你做跨境电商的那天开始，你其实已经参与到了全球化竞争的格局中。因此，在选品或者定位对标公司时，可以站在全球视角思考。我们共同见证了抖音的发展，并在对 TikTok 商业机会的洞察上领先其他国家 TikTok 创业者好几年。在全球化竞争中，我们在信息差方面整体领先国外好几年，这也是我认为我们中国卖家在 TikTok 行业大有可为的重要原因。

2024 年，“TK 发发发”将立足于过去 10 年创业经验的累积以及在跨境电商赛道的沉淀，继续深入 TikTok 各赛道的实操玩家群体。在这个高速变化的赛道中，我们将把最新的商业机会、商业洞察和头部玩家的实操心得带给大家。同时，我们还将组织线上线下的交流活动，助力大家在 TikTok 赛道创业成功。

相信看到最后的你，也一定发现了一个规律：**在南漂的 10 年里，我仅仅做对了一件事，就从普通人蜕变为行业头部大咖**。我具体做对了什么呢？

答案为你揭晓！其实，从大学时代到毕业后的几次创业经历，**我都是信息差的受益者。通过掌握信息差，让我在同行中遥遥领先。**

业内有句话叫，“得信息差者得天下”。赚钱的本质是把握信息差和执行力，而与我链接，就是你破除信息差的最好方式！一个人能连番几次抓住信息差的红利，不是仅凭运气，而是实力使然。欢迎你链接发哥，让你的 TikTok 变现少走十年弯路！

赚钱的本质是把握信息差和执行力。

附：

到了 2024 年，我对 TikTok 未来的展望如下。

（1）**高速进化：**对标其他电商品牌的发展，TikTok 的进化速度至少提高一倍，各种机会的窗口期将明显缩短。

（2）**合规经营：**TikTok 是一条很长的赛道，所以基础一定要打牢。店铺、产品、运营、税务等等都要尽可能合规，商标、专利、认证也要尽早布局，不要等自己规模很大了之后，才发现有很多隐患。

（3）**本土布局：**为了适应平台的高速发展，卖家要足够了解当地市场，快速进行产品迭代。建议建立当地公司、寻找本土合伙人、多与当地达人合作，多关注当地资讯（时事、风俗、行业报告等）。

（4）**精细运营：**由于平台已经不缺内容和产品，低价值的视频、直播和店铺能获取到的流量将越来越少，建议从此刻开始尽可能地打造自己的精品运营团队，提升内容质量。

（5）**IP 崛起：**TikTok 上以 IP 为核心的平台将获利最多。参考抖音上李佳琦、罗永浩、东方甄选、疯狂小杨哥等，这是平台属性决定的，TikTok 上一定会出现类似的 IP 现象。有能力的企业可以布局这个赛道，哪怕孵化出二三线 IP，或者及时发现有潜力的达人团队进行深度合作。

（6）**投资窗口：**TikTok 的高速发展几乎是确定的。短视频本身就是顺应人性的，有很强的成瘾性，TikTok 会抢占更多的人均使用时长。带货（短视频、直播）、娱乐直播、店铺运营、配套服务等赛道机会很多。非常多 TikTok 的新手是同赛道的老手，现阶段是非常难得的投资窗口期，即使大家没有亲自入局，也可以投资孵化一些团队或项目。

（7）**服务升级**：各类服务商要针对 TikTok 平台特征，定向优化产品，如物流、海外仓、商标、支付等。反应速度越快、服务深度越大，越能抢占市场机会。

（8）**利益共同**：TikTok 上有长期的创富机会，也有短期的新兴项目。大家在考察项目的时候，可以换位思考，看是否和平台有共同的利益体。平台的核心是赚钱，对平台来说，最快、最有效的赚钱方式就是投流，消耗平台自然流量的商业模式只能是陪跑。

（9）**信息价值**：平台高速发展、快速迭代，对信息的依赖度越高，信息产生的价值越高。大家可以关注高质量的信息发布平台，消除消息差，及时抓住平台机会。

我们的直觉才是最高天意

■ 孙妍妍（Iris）

Sparkone 创始人

旗下拥有 3000 多名签约海外红人

资深海外流量玩家

现在是凌晨 2 点，距离出版社老师给我的截稿日期只剩下最后的六小时，但距离我鼓足勇气准备使用这篇文章已经过去了六天。其实我从不畏惧写作，我一直觉得“写作就是秉烛夜游”，这是一条私密、酣畅、新鲜的自我剖析之路。但作为一个短视频领域的“爆文制造机”，我习惯于使用更具营销性、更劲爆的短文来刺激大家的神经，提高大家的阅读时长。

但今天，我希望看到这里的每一个朋友都能认识足够真诚、真实的我。于是，我让灵感自由流淌，拒绝一切的写作技巧和营销噱头，写下了“我们的直觉才是最高天意”这十一个字。

在此，正式和大家认识一下，我是孙妍妍，大家可以叫我 Iris。我是一位出生于 1998 年的女性连续创业者，目前是一家海外 MCN（Sparkone）的创始人兼 CEO。同时，我也是一位离经叛道的传媒人。

我出生在一个典型的商人家庭，父亲负责在外打拼，每年交上来的成绩单就是自己的事业版图以及金钱。母亲全权负责对我的教育，每年交上来的成绩单就是我的学习成绩。但我天生反骨，从来不是世俗定义下的乖乖女。我一直自嘲是典型的江苏应试教育的畸形产物：天性叛逆，却又处处受束缚，像一个从正面看被修剪得当的景观盆栽，后面却长满毛茸茸的小刺。

和所有烂俗的青春小说一样，高中的我不可免俗地走上了早恋和成绩下滑的道路。作为学校原来的“保优生”直线下降成“吊车尾”，校长甚至给我发放了退学警告书。学校就像一个小型的社会缩影，成绩和成年人的金钱一样，是衡量你价值的等价货币。我在半个学期里承受了各种校园热暴力和冷暴力，最后我发现：只有成绩好这一条路可走。**这对当时弱小的我来说，不是努力或者不努力的问题，而是生存与否的问题**。于是，我在最后半年努力弯道超车，如愿考上了中国传媒大学。

直到现在，还有很多朋友评价我是“卷王”，其实这种特质在我大学时期就已显现。在校期间，我拍摄了5场综艺、2条纪录片，策划执行了4场超过500人的大型晚会；担任了学生会外联部部长和学习委员；在长江商学院、人民日报、央视等知名单位实习过。凌晨2点工作完回宿舍被宿管阿姨骂得狗血淋头是我的常态，活动前通宵熬夜更是常有的事情。我在大学时尝试了所有传媒专业学生未来可能涉及的领域，最终得出一个结论：传统媒体并不适合我。因为传统媒体想在3—5年内取得一定成就太难了，这个行业重视资历、崇拜门派，作为独立导演，很难快速崛起。当时微博这位“老红人”还炙手可热，图文时代如火如荼，而竖屏短视频已经悄然兴起。**于是，我做出了职业生涯的第一个重要选择：我要投身MCN行业，从事IP内容创作。**

我看准了杭州这个发展地标，向当时大热的几家MCN投递了简历。接到offer后，我毅然放弃了已经到手的几家北京大厂的高薪offer。当时很多人对我此举表示不解，因为在那个时代，网红这个行业还被认为很低端，是传统媒体人所看不上的。我爸甚至气得切断了我所有的经济来源，并勒令所有的家庭成员不给我提供任何经济支持。于是，我揣着我仅有的几千元钱开始了勇闯杭州之路。当然，结局也许很让我爸失望，我在杭州不仅没有举白旗，反而度过了四年，并保持经济独立。

正如我相信信念的力量，仅仅花了两年的时间，我就成为最年轻的事业部业务负责人，也顺利积累了第一笔原始资金和人脉资源。大厂是一把双刃剑，它有成熟的体制和光环效应，但它同时也有决策过程冗长和内耗不断的问题。当我发现团队大部分时间不是花在“事情怎么做”，而是如何提升内部话语权时，我就意识到这不是我期望的职业生涯。**于是，我做出了职业生涯的第二个重要选择：我要开一家自己的小红书 MCN 公司。**

我们聚焦在小红书这个高净值人群平台，以创始人商业 IP 人设打造与制作爆款内容为核心优势，开展小红书代运营业务。通过成熟的方法论以及一线的精英团队，我们在 3 个月内就孵化出一个 10 万粉的小红书商业账号。第 4 个月时，我们就成功签订了年度价值 100 万元的代运营服务合同，并帮客户完成了 ROI 1∶15 的私域引流升单闭环。直至今天，我们的小红书业务板块都没有商务团队。原因有两点：一是我们定位自己为一家专业的内容制作公司，在内容为王的时代，我们拥有小红书平台的爆款方法论，实力过硬，转介绍率极高；二是作为创始人，个人意识到一家以内容为壁垒的公司需要可复制的方法论，否则承接能力有限，一年只能服务 10 个 KA 客户。

但不可复制的商业模式就不是好模式，如果大家有关于“解决乙方服务公司承接能力的解法”非常欢迎大家和我交流，我也可以将关于小红书 IP 起号的经验分享给你。

时间回到 2023 年 5 月，我商学院的一位同学，也是我生命中很重要的一位伯乐，找到我并问了我一个问题：Iris，你在国内 MCN 领域玩得这么好，为什么不考虑开拓海外市场，那将是降维打击。恰巧当时我正寻求第二增长曲线，整体出海的增长量又非常可观，只要涉及出海，就离不开营销。顺应大趋势而为，大方向就不会出错，关键在于找准切入点。**于是，我做出了职业生涯的第三个重要选择：开一家海外 MCN 公司，在营销板块赋能中国企业出海。**

说到这里就不得不提一下我的伯乐，也是我这块业务的合伙人

——冯凌炬。作为一名 1995 年出生的海归创业者，从零开始创建了一家千人团队的跨境国际物流集团。旗下公司近 3 年以 1965%的高速增长率斩获 2023 年德勤深圳高科技高成长 20 强榜单第五名。也许你会觉得物流和营销并无直接关系，一个是实业，一个是服务业，但其实这并不是随心之举的一拍而合，而是深思熟虑后的互补合作。

红人营销不仅助力品牌提升知名度，更重要的是为品牌带货导向服务。**我们不是红人差价的倒卖商，而是真正能帮出海品牌实现组合式营销，提高最终销量。**Sparkone 已为 Temu、Insta360、Miniso、COTTI 等各大品牌提供服务。其实，我常说："现在的海外红人营销就像三年前国内的红人营销。"在三年前，我们帮一大批国货品牌通过小红书崭露头角，并持续获得红利。如今，在国内竞争加剧的情况下，新的发展方向到底在哪里呢？我相信，出海是我们心中一致的答案——向外输出。品牌出海的关键在于本土化，如何做好本土化是我们一直在解决的问题。

如果你想了解海外红人营销、海外 PR 以及海外物流营销规划，欢迎与我交流。我将分享结合国内前沿打法以及海外本土化的综合策略，帮助大家在品牌出海的路上更快取得成功。

我将最近最爱的一句话送给出海玩家和创业者："高筑墙，广积粮，缓称王。"眼里有光，脚下有路，胜利就在前方。欢迎大家和我交流，彼此点亮，共同成长。

眼里有光，脚下有路，胜利就在前方。

一个九年出海营销从业者的自白书

■ 王瑞

PocheDigital 创始人及 CEO

出海大媒体广告营销人

全球 KOL 营销人，覆盖达人超过 10000 人

如果要给过去的自己贴标签，我想我会有以下几种关键描述：

- 从职场小白一路成长到上市公司 VP；
- 从 VP 跌落神坛，干起了催收工作；
- 离职第三天开了一家公司，第二个月开始盈利。

各位朋友，你们好！用这种方式与你们相遇真的很特别。我是一个被行业朋友称为“瑞哥”的女生，在出海营销行业已经九年了。还记得 2015 年初入这个行业的时候，我觉得自己无比的“土”，因为身边每一个同事的交流沟通中，英文单词含量高达 50%以上。当时内心的慌乱和对自己智商的怀疑至今仍历历在目。好在这个行业正处于野蛮生长期，规则混沌，也让我有机会尝试建立一些业务规则。尽管还没转正，我就开始带领小团队，负责对接国内出海的游戏和应用广告主。

那个时候，我的客户们也对这个行业懵懵懂懂。因此，一群都不是“很懂”的小伙伴，虽互为甲乙方，也日渐成为好伙伴。我的第一场行业培训，还是一位甲方游戏公司市场部的同事为我做的。至今，我都还笑称他是我入行的灵魂导师。也是那个时候，我坚定地认为，要好好处理圈子关系，保持与各界人士的广泛联系，尽管曾被老板质疑是否有过多的无效社交，但时间证明了我的做法是正确的。**如今，我依然强调圈子人脉的重要性，并努力成长，让自己成为别人也愿意与我产生链接的人脉**。

从还没转正就开始带小团队，到后面不断跳级升职，我一直是一个刻苦、努力且勤奋的人。我曾经是一个偏内向的人，但在商务工作中，我逐渐变得更加外向。在 2017 年，我清楚地知道自己的工作遇到了瓶颈，为了学习广告营销行业的底层知识，我决定不再满足于只是拓展客户。于是，我在北京搭建了一个小的品牌营销团队，把公司旗下休闲游戏内的激励视频卖给品牌客户。在中国客户只认可国内开屏广告的年代，然而我们的小团队却在这一并不“入流”的广告位上取得了成功。历经六年变迁，如今这种广告展示形式被越来越多的品牌客户认可和接受。当然由于早期买单的客户过少，当时那个小团队也在一段时间内消亡。

后来我们又陆续寻求新的行业机遇，2018 年年初，我发现跨境电商独立站行业与公司现有业务存在结合点，且公司从未涉足过这一领域。我激动不已，感觉终于找到了接下来要奋斗的方向。还没有深思熟虑要怎么开展这个业务，我就约老板出去吃酸菜鱼，向他提出组建阿米巴团队，专门负责跨境电商营销业务。还记得当时老板问我："你想好怎么做了吗?”我给出了一个出乎他意料的回答：“没想好，不过我可以釜底抽自己的薪，把现有团队交出去，从零开始。”现在回想起来还是非常感谢前东家的超大格局，让我在工作还未满 3 年就得以进入“类创业”状态。公司出团队成员薪资，我负责搭建团队，里里外外都得自己干。经过两年的努力，业务干得热火朝天，团队在高峰期为公司贡献了 1/5 的营收。**尽管业务形态不同，利润远远低于主体业务，但我们也算是从零开始完成了一件不算容易的事情**。我也在这个阶段成为分公司副总。

人生如过山车，总是在高点的时候开始跌落。2020 年新冠肺炎疫情发生以来，我们团队业务做得还算不错，我于是与老板商量了一个 KPI，达成后可以在子公司占股份，真正地做一个更具长远性、更有归属感的事业。刚准备年后发力时，由于疫情对跨境电商行业的全面打击，甲方客户无法发货，支付账户被冻结，众多公司资金链断裂。在如此恶劣的环境下，甚至出现了大规模的款项拖欠，乃至赖账不还钱的现象。当时，我的团队包括整个行业的友商都没有预料到这是一个天大的坑。这也是我后期长达 10 个月的重点工作，亲手遣散了从零搭建的团队，然后开始跟法务、财务、催收团队配合，东奔西走地催款。那段日子，我从光鲜亮丽的都市职场丽人变成了在欠款公司撒泼打滚的人。这段经历让我们行业同仁深知风控的重要性，从那以后各家公司都加强了风控意识，恶性竞争得到遏制。**我本人也从这场风波中完整地经历了一个业务从无到有、再到无的过程，吃过的苦和亏都内化成了做事情的方法论，到那一刻才是真正脱胎换骨的成长。**

2021 年 1 月 3 日，我开启了创业之旅。带着第一个加入我公司的小伙伴，一人点了一杯咖啡，她问："瑞哥，我们的新公司做什么业务啊?"我说："还没想好，要不我们试试海外广告营销、海外物流，或者与出海相关的业务?"这段对话现在听起来非常可怕，为自己的鲁莽感到害怕，同时也为无脑跟着我的同学感到害怕，这种连经营什么都不知道的公司都敢加入。后续分析自己的优势后，我们决定从出海广告营销业务入手，逐步拓展客户。然而，曾经的客户占比极低，因为经过疫情，大部分的独立站卖家都销声匿迹了。我们需要重新拓展客户，寻找更有信息差的媒体资源。那个时候是自己英文最好的阶段，每天都与来自不同国家的媒体方开会，横跨韩国、越南、迪拜、尼日利亚等地。上下游一起抓，我们常常满怀希望，但最后往往希望落空。后来，我们发现大媒体广告费用水涨船高，而我们利润微薄。创业半年后，团队开始新增内容营销板块的业务，帮助我们的广告主与全球 KOL 建立合作。从结果上来说，虽然公司成立快三年，我们的业务体量和营收还远不及预期，但我在职场以及创业的这几年时间里面，开始懂得"慢就是快"的道理。控制野心、控制预期，把每件事情做好，确保客户需求得以满足，同时严格控制现金流，做好风控，对业务有所取舍。

控制野心、控制预期，把每件事情做好，确保客户需求得以满足，同时严格控制现金流，做好风控，对业务有所取舍。

目前，我们主要致力于服务出海游戏、应用、电商、品牌等类型的客户，在 Meta、TikTok、Google 等媒体上投放广告，并协助客户进行深度内容营销。我们链接北美、南美、欧洲、东南亚、中东等多地网红和本地媒体资源，帮助我们的客户在海外提升品牌知名度。从 2023 年第 4 季度开始，我们按照 TikTok 欧美小店战略发展路径，与网红合作，深挖美区带货达人。目前已与 10000 多个达人合作，可带货品牌涵盖服装、配饰、母婴、美妆、3C、小家电、快销品等多个类目。未来，这个业务我们会继续深入，寻找更多非主流和本地化的媒体资源，帮助客户寻找价值洼地，触达更广泛的人群。

2023 年年中，在现有业务框架稳定的同时，我们在迪拜设立了新公司海豚娱乐，主要从事中东娱乐公会业务。我们整合优质主播资源，涵盖娱乐主播、达人孵化以及后期电商带货。我们希望从中间商转型为媒介方，更深入地参与内容生产和流量运营。

在接到本书发起人笛子的邀请时，我曾犹豫自己是否适合出书。她鼓励我认真打造个人 IP，将我的能量释放出去。因此，仔细盘点自己接下来想做的事情，我总结了如下几点。

第一，提升公司品牌知名度，让更多的优质广告主在出海的时候想到并使用我们的服务。同时，适度扩大业务野心，实现更快速的增长。这也是我参与此次书籍项目的原因，借助这个平台，让过去不认识我们的人，或者过去对我们认识相对单一的朋友，有机会更加深入地了解我们的公司和业务。

第二，加强个人 IP 建设。在这个 IP 为王、流量为王的时代，个人品牌的建立至关重要。与多个好友聊起，个人的信用资产在接下来的时间里会成为复利超高的资产。我希望通过自己的能量，链接更多的人和资源，在出海领域形成更大势能。

从行业的野蛮生长期到如今平稳发展期，每一个机会都异常珍贵且难度升级。在创业这条路上，我们还有更多的东西要学习，更多的人性要去认知和感悟。希望通过我的文字，能让您了解一个做出海营销的公司，也能认识一位在行业风评不错的豪爽瑞哥。期待与您建立联系！

我的线条科技跨境创业故事

■ 陈秋娜（Joanna）

线条科技创始人、CEO
专注海外营销科技与 AIGC 应用
帮助 10000 多个中国企业出海

创业初心与动机

时光回到2014年，我当时正处于择业的窗口期。经过对各个行业的详细分析，我最终找到了移动互联网出海的赛道。选择投身这个赛道的初衷主要有两点：**首先，移动互联网行业在国内正经历从PC端向移动端的转变，**随着手机终端的进一步发展和移动网络环境的完善，各类移动应用兴起，移动互联网行业发展迎来风口。**其次，出海市场具有巨大潜力**。一方面是结合我英语专业的优势，一方面也是我对大趋势的判断，国内移动互联网发展即将进入红海阶段，而海外市场仍存在较长的红利期，且国内移动互联网应用模式成熟，出海属于降维打击，出海必将是大势所趋。

果然如我所料，2015年股灾后，国内金融一级市场也开始降温，移动互联网行业投融资迎来冷淡期。少了资本的注入，很多商业模式不清晰、盈利预期不理想的项目开始被清场，国内移动互联网发展正式进入红海阶段。越来越多的企业开始将目光投向更广阔的海外市场，此时更加坚定了我持续做出海的信心。

2017年初，随着专业知识和行业经验的积累，我怀揣着对未来的探索精神和对挑战的渴望，开始萌生创业的想法。在合伙人的支持下，我成立了线条科技。在选择创业赛道时，我们综合考虑了团队的现状和实际情况，最终确定了三个备选赛道，分别是游戏、电商和数字营销。因为国内外的大公司如BAT、Facebook、Google、Amazon等，基本上都是通过游戏、电商和数字营销实现变现，所以综合来说这三条是大赛道，也意味着有更多的生存机会。在对比了游戏和电商以后，我们发现游戏研发投入重，电商链路长，因此选择了轻装上阵的数字营销，并在过程中不断增加技术壁垒。

线条科技的发展

我们从联盟业务开始做起，主打海外效果营销，拓展海外本土垂直媒体，流量交付以 CPA/CPS 效果为准。客户只需要提供推广链接，我们以推广带来效果计费，对于客户来说省心省力，只需要为结果买单。此模式的推出为线条科技带来了许多投放预算，我们借助这一业务模式在跨境数字营销行业站稳了脚跟，并积累了大量海外流量和媒体资源。

随着行业的发展，我们发现无论广告主预算还是流量方都有逐步往大媒体平台迁移的趋势。在大趋势面前，我们选择拥抱变革，开启 SuperADS 大媒体业务，为出海客户提供更全面的海外服务，包括大媒体 Meta、Google、TikTok、Kwai 等平台的开户、充值和代投服务。事实证明，这一决策和服务为客户提供了价值，也进一步推动了线条科技业务体量的提升。

为了进一步支持 SuperADS 大媒体业务的发展，我们开始着手投入研发资源，搭建大媒体平台。通过平台对接支付接口和媒体平台 API 接口，实现客户 7×24 小时自助在 SuperADS 平台操作 Meta、Google、TikTok、Kwai 等全媒体开户充值操作，支持多币种（美金、人民币、小币种）自助线上付款实时到账，同时，我们还推出了移动端微信小程序操作，微信接收工单通知，实现客户随时随地管理账户，收获客户的认可。同时，在内部运营端减少了工单人工对接基础运营工作，这大大提升了运营效率，降低了失误率，使运营媒介可以在大趋势面前，我们选择拥抱变革。

有更多的精力专注于客户服务，为客户创造更多价值。在财务和管理方面，也可以实时查看大盘数据进行风控和决策，提高管理效率。

部分使用过 SuperADS 大媒体平台的二级代理商表达了也想拥有类似平台的需求，但苦于搭建产品研发团队困难，且研发成本高。基于此，我们决定将 SuperADS 大媒体管理平台的产研能力赋能给我们的二级代理商，推出 SuperSaaS 系统，这是一款广告代理商行业级平台 SaaS 解决方案。借助 SuperSaaS 系统，代理商也能以非常低的成本搭建自己的大媒体管理平台，支持客户 API 自助开户充值和微信小程序端管理，从而大幅提升运营效率。

大媒体代运营投放是我们为客户提供的一项基础服务，为了提高代投项目的效果和效率，我们产研团队研发了智能投放分析工具 SuperX。我们接通了海外几大媒体平台 Meta、Google、TikTok、Kwai 的 Marketing API，以及投放产品后端效果数据 API 接口，将数据整合到 SuperX 投放 BI 平台进行数据分析，实现素材层面从广告前端到导流用户后端的全链路效果分析。通过 SuperX，投放师和优化师能进行广告投放全链路数据分析。过去，广告投放优化更多依赖于投放师根据广告平台数据自己进行分析和决策，但是设计师一直处于数据盲区，素材效果全靠优化师来反馈，创意层面的直接感知非常不顺畅。现在设计师可通过 SuperX 工具查看自己制作素材的数据表现，我们的团队可以根据同类产品的优秀数据表现，向设计师推荐高质量的素材，设计师可以自发通过数据表现把握创意方向，快速自发迭代素材。管理层以前主要通过团队的汇总表格了解各个成员的业绩，苦于无法实时查看全盘数据和更多细节。借助 SuperX，管理层可以一站式实时查看多团队、多产品、多项目、多平台、多账户的广告消耗、点击、转化、ROI 等 100 多个维度的数据全链路表现，轻松管理项目进展和团队业绩。通过 SuperX 平台，我们的代投能力得到快速提升，也积累了丰富的项目投放经验和素材数据，为后续实现更优质的投放效果奠定了基础。

部分客户了解到我们的 SuperX 投放分析工具后，表达了开发类似工具的意思，也是苦于自建产研团队和研发成本高的问题。基于此，我们决定将 SuperX 进行 SaaS 化，使其易于使用且成本较低。借助 SuperX 工具，客户能低成本搭建自己的广告投放运营 BI 数据中台，实现从买量到后端效果的全链路数据打通。SuperX 还有很多基于 AI 能力的功能，包括 AI 托管辅助广告投放决策、AI 数据分析、AI 数据异常预警等。

随着 2023 年 ChatGPT 的火热，我们基于人工智能模型底层技术开发了 SuperAI 项目。这一项目借助领先的人工智能模型，支持生成文案、图片、视频、配音、短视频剪辑等，覆盖 Meta、Google、TikTok、Amazon 等全球 50 多个平台，100 多个应用场景。SuperAI 能数十倍甚至上百倍地提高内容生产效率，降低人力成本、沟通成本和内容资讯重复建设成本，加快跨境客户内容产能进化。SuperAI 主打基于 AI 的视频生成功能，针对短剧出海内容本土化和广告视频素材生成两大场景。SuperAI 能帮助短剧出海客户高效实现多语种、多音色翻译，帮助出海广告投放客户高效实现 AI 视频换脸、视频语音翻译、视频字幕翻译、数字人口播、视频混剪、街拍等视频素材生成。

2023 年，随着 TikTok 商业化进程的加快，我们注意到 TikTok 小店有诸多发展机会，尤其是采用矩阵模式后效果突出。TikTok Shop 的流量分发以内容质量、商品销售转化率、投流情况为重要的流量分配依据。商品自然流量除了交易指标外，在更大程度上依赖作品的热度。对于商品转化率高、千次曝光销售额高的热门视频，Tik-

Tok 会给予更大的推荐加权。矩阵模式利用矩阵号+大规模视频发布的形式，大大提高了视频上热门的概率，配合低成本付费投流，从而可获得更高的曝光度。于是，我们顺势推出 SuperTK 一站式综合解决方案，包括 TikTok 矩阵号批量管理系统、独立环境与商品挂车等，并通过 AI 技术助力创作者提升视频生产效率，进行 AI 无人直播，结合广告代投、代运营等服务来促进店铺流量增长与商品销售。

未来的展望与规划

线条科技的发展越来越快，虽然我们也有踩过一些坑，但总体发展比较顺畅。在 2018 年至 2019 年期间，我们有一段时间曾大力投入创新，但由于当时管理层的战略方向还不清晰，导致非主业的扩张过度，使得战略失焦，错过了主业发展的良机。幸好公司基础扎实，快速发现问题，重新梳理了底层商业逻辑，并逐步巩固了以下四个核心能力。

第一个核心能力是创新落地能力。创新想法看似简单，实则落地困难。我们历经十几个项目的探索，才掌握了创新落地的要领。对于初创企业，我们不建议追求颠覆式创新，有时候不同元素的新组合就是一个新的产品、服务或者商业模式。我们的创新也主要是应用式创新为主，成功率越来越高。

第二个核心能力是 OPM 战略落地能力。OPM 战略对于非金融或财务出身的伙伴会有比较大的压力，我们学会如何利用无息资金，形成了一套系统的能力和策略。优秀企业可通过预收款、延迟供应链资金等手段增强竞争力，进而实现品牌效应、价格和利润的溢出。

第三个核心能力是 CVC 战略投资能力。当一个公司发展到一定阶段，如果还想继续壮大，那么 **CVC** 是必不可少的能力，这方面我们也是交了不少的学费，如今更加注重在自己的核心竞争力周边进行投资布局。我们投资的几个公司成长速度都非常快，在我们的赋能下基本有成为行业头部公司的潜质。

第四个核心能力是杠杆和风控能力。要想快速发展需具备杠杆思维，同时还要有风险控制能力。我们学会运用资金、人力、财务和研发杠杆，实现快速发展。这里涉及核心能力，有机会我们线下交流。

写在最后

感谢您看到最后，如果您有跨境出海的业务需求，需要做海外数字营销，在寻找一个值得信赖的合作伙伴，希望您给予我们一个机会，为您提供服务，我和我们团队将竭尽所能，为您提供优质和专业的支持，以满足您的期望。

如果您是一位富有创新能力、充满激情的人才，并渴望在跨境出海领域一展身手，欢迎加入我们，我们是一家充满活力和创新精神的公司。在这里，您将面临充满机遇和挑战的工作环境，与一群志同道合的同事共同成长。

如果您对我的内容感兴趣，很高兴与您做朋友，希望这些内容能为您带来一些启发。我在微信视频号、抖音、小红书都开通了账号，不定期分享跨境出海知识和个人感悟。如果您对跨境出海感兴趣，欢迎搜索“陈秋娜 Joanna”，找到我的账号并关注我。

心有一片海——扬创业的帆，闯人生的海

■ 亚宁

齐鲁文化之星

泓扬东方创始人

身心灵大健康 MCN 负责人

你好，亲爱的陌生人，我是亚宁。

此时，已是深夜，文字从我的笔尖流淌出来，我已经在想象某一天，是怎样的你，会看到这段文字。你相信吗，一定是有注定的因缘，才让我们得以在这浩渺的人海，以这样一种沉静的方式遇见。（感谢海峰和笛子两位老师）

此刻的你，正在过着独属于你的什么样的人生呢？活得恣意畅快，还是迷茫无奈？你正年少，还是已初老，是在自主创业，还是囿于996的“牢”？在这大时代的浪潮中，我们如何规划未来，如何尽情投入，如何寻求平衡？创业的蓝海是否还存在……我希望下面的文字能为你带来一丝启示和光芒，在某个时刻，能够给予你前进的力量。

历经20年商业周期，体验过人生的大开大合，起起落落，跌落深渊又绝境涅槃的我，愿分享一些心得体会，为你提供实用的方法与策略。总结成三个锦囊，以墨赠你。

我也想尽我所能，为你提供实际价值，与你携手看见前方的光亮和方向。

相信相信的力量

你相信吗，你想成为什么样的人，就会成为什么样的人；你想做成什么样的事，就能做成什么样的事。关键在于你能为之付出多少。我指的这个付出，包括但不仅限于愿力、心力、体力、脑力，还有全力以赴、专注、学习、时间、心态、情绪……成功的路上并不拥挤，比的是短期务实、中期升级和长期坚持。在不同的阶段，大部分人都会选择放弃，而信念和愿力的坚定程度，大概率能决定你是否能走到最后。

在不同的阶段，大部分人都会选择放弃，而信念和愿力的坚定程度，大概率能决定你是否能走到最后。

彪悍的人生都是自己闯出来的，我从一个不谙世事的小仙女蜕变成现在众人眼中的雷厉风行的霸道总裁，不过是把自己置身于自己设定的人生剧本中。先确定目标，然后坚信自己注定就是那个目标中的自己，而后确定行动方向，盘点现有情况，推演出抵达目标的路径，拆解成一个个小里程碑，坚定不移地按计划行动执行。**因为始终相信，只要付出足够的努力，终会抵达心中那座坚如磐石的高山**。

前行的路上，初心和愿力犹如远方闪烁的微弱光芒。这里你可能会有疑问，或者会嘲笑，为什么这么坚定还只是微弱的光，我想说因为奔向梦想的每一段前行的路，一定是无比艰辛且常常令人绝望的，很多时候会像进入迷雾，又像陷于黑暗。在追求梦想的过程中，每个人都会经历无数次的天崩地裂，但只要从未忘记初衷，坚定信念，勇敢前行，你终将化蛹成蝶，展翅翱翔。

这里我不想只给你们灌鸡汤，而是希望呈现真实的过往和世间运行规律。如果此时此刻的你，正经历焦虑、迷茫、磨难甚至绝望，作为过来人，轻轻给你一个感同身受的隔空拥抱，我想告诉你，这些都是人生游戏的设定。通往梦想的路上，困难重重，但每一次的挑战都是成长的机会。只要你勇敢面对且坚定向前，最终万事万物都会助力你成就辉煌。

所以，一定要相信相信的力量，它的能量真的超乎你的想象。

正心正念，极致利他

无数人问过我，一路披荆斩棘走到今天，什么能力最重要。我永远都只是回答这八个字：“**正心、正念、极致、利他**。”

其实这和稻盛先生提倡的“动机至善，私心了无”的观念如出一辙。我见过太多取得成功的人，显而易见成功是有方法论的，成事也是有心法的。而两者共通的关键点就在于上述的八个字。

“正心”是你的根基，“正念”是你的底气。这两点犹如万层高厦的地基，会牢牢地托举起你所有的作为，且能无限助力你的成长。回首这些年，无论是实际还是精神上帮过我的人太多。我有一个本子，每得到一个人无论是何种形式的帮助，我都会在上面写下他或者她的名字。命运的齿轮在这一次次善意的助推中都在向更好的方向转动，我把这些人都看作我人生中的贵人，而这些贵人，身份也不尽相同，并不只是达官贵人，也有普通人，有我们公司被大家看作脾气古怪的员工，还有保洁阿姨等，他们都无数次给过我善意和支持，让我在人生的至暗时刻，感受过很多的温暖，从而生成源源不断的动力，支撑我度过那些艰难的岁月。后来，我听很多人提及他们偶尔表露出的话语，说的都是因为知道我的人和做的事都是正向的，所以他们都希望我能更好。写到这里，突然想起一句话：你能好一定是有很多人希望你好。**回首来路，我不觉得是自己的能力起了多大作用，而是大家能感受得到我的正心、正念所以才拥有了一些运气，让我面对磨难时总能化险为夷，在顺境时得到更多的助力**。

我和太多人聊过人生和事业，也倾听了很多前辈分享的经验。每一位几乎都说过，无论做什么事，起正念、携正心、走正道至关重要。

当然成功不能只凭意念和运气，实则离不开成事最实用心法：利他！说起“利他”，这个词虽已深入人心，但其内涵却常被忽视。人性使然，大部分人往往从主观、获得或投产比角度来衡量付出。但是这远远不够，我们应超越简单的利他，追求极致利他。极致利他是反人之常情，是逆向思维方式加上有过之而无不及的践行，从而实现更大的价值。无论你在何处、从事何种职业，只要心怀利他之心，就能收获美好的人生。

我们新项目发布的时候，很多人惊讶于我们的模式体系，所有设定基于用户和共创人的利益出发，甚至部分高层也提出异议，认为公司付出过多，收益过低。但项目启动一个月即吸引了万人共创，大家才明白它的底层逻辑：**你要给一个大家毫不犹豫，坚定不移直接选择你的理由，且把这份信任转化成更大的交付**。市场红利和流量红利时代已经淡去，在这个信任红利时代，我们要做有温度、持久的商业，践行极致利他，稳步前行。我始终相信，用户才是品牌最好的代言人！

稻盛先生曾说利他是最伟大的商业模式，我深以为然。商业的本质就在于解决社会需求，以利他思维精准定位，奠定基础，实现持续经营，占领市场心智，树立品牌认知。

总之，不论你是何种身份，所处哪种行业，只要心怀利他，那就必定会有收获。存利他之心，行利他之事，你能托举多少人就会有多少人托举你；你能成就多少人，就会有多少人成就你！

顺势而为，全力以赴

有了愿力、正确的价值观，并不意味着万事大吉。成功还需审时度势顺应时代发展。正如人们常说的："方向不对，努力白费。"

首先，我们要做正确的选择。大家常说"天时地利人和"，那我们就要尽量迎合这些条件。顺应天时，尽管我们都没有预知未来的能力，但可以通过观察社会发展、市场定位、供需关系、产业前景等，在风口乍现时迅速入局。我给大家分享一下过去经历的几个风口周期：2013 年，我做地产行业石材供应商时，赶上地产热潮，不用考虑销售，只需考虑怎样加大产量，供货到全国各个城市，包括万科、万达的工地，如火如荼。后来工程款越拖越久，欠款越来越难收回，我们意识到该收手了。入局电商行业是在 2020 年底，不算早，但是在直播电商领域，时间点还是非常可以的。那时开播就能吸引几万人，纯自然流量，收益可想而知。我们要深刻理解“时间就是金钱”的道理，以上行业不用过多解释，大家也知道时机的重要性。试想如果我们现在进入石材产业，即使产品再好、价格再低、服务再好，也无法改变不合时宜的结局。同理，现在新手入局直播带货，想靠自然流量取得成果确实很难了，最佳风口时机的决定性作用不容忽视。在投产成本逐渐上升，流量越来越贵的情况下，我们开始考虑企业未来的发展空间。经过大量的论证，我们于 2022 年底开始布局大健康产业，这一决策第一考量的就是天时。

（1）**市场时机：**人口基数急速下降，中国已经慢慢进入老龄化社会，加上疫情催化，健康问题成为人们关注的焦点。以养代医的观念逐步深入人心，健康相关行业会迎来风口期。

（2）**国策方向：**国家推出《“健康中国 2030”规划纲要》，跟随国家政策导向，必是阳关大道。国家重视、人民需求、市场广阔，健康产业将成为未来的重要发展方向。

（3）**天时地利：**三元九运进入最后一运，九紫离火将助推健康、中医行业的发展。

因此，**我们第一个顺势而为，就是投身健康产业。第二个顺势而为就是我们利用实体与电商双重基础，**以核心产品、平台共创、全域运营模式布局产业体系。最关键的是，我们让消费者成为品牌共创者，通过线上线下双重赋能共享项目，集聚大数据和势能，共同迎接大健康产业浪潮。有一种笃定叫先胜后战，所以我们创造了 89%的转化率，相信接下来会有一个个可喜的数据表现。

在经过多次商业周期后，我们深刻体会到看准方向、顺势而为的重要性。选择上升产业、提前布局蓝海赛道，即使后来竞争加剧，也已具备较强的抗风险能力。

当然，在这里我非常有必要强调一个关键点，这一因素会直接决定你走多远，决定你的船只是否坚固，能否顺利抵达理想的国度。

那就是在选定方向后，你能否能全力以赴。前期大方向没错，后期拼的就是务实落地了。我们见过太多人觉悟很高，认知也不低，但就是无法付诸实践。那么一切都会成为空谈，还是有很多人习惯给自己画饼，却不动手去实现，最终只能饿死在自己的幻想中。

在信息爆炸的时代，只要有心，我们有太多途径触达风口行业、正确的圈子和已经取得成功的人。但最终拉开差距、决定成败的关键在于你对这件事情、这个项目或者这个产业的投入程度，以及是否持续优化、完善和升级迭代。很多行业都是开卷考试的，比拼的就是下功夫多深。了解过几位成功的大佬，发现他们在从 0 到 1 的阶段都是不惜一切代价地努力。后来，他们才从无限制地投入自己的时间和精力中慢慢找到平衡，逐渐学会借人、借势，运用杠杆原理来放大价值和资源。但如果没有实力的底基，是承接不住任何变化的。必须要经历刻意练习、一万小时定律，全力以赴，大力投入在自己要打造的核心竞争力上，筑高自己的有力壁垒，形成差异化优势。持之以恒，不要叫苦，只有这样，才能承接住泼天的富贵。全力以赴的程度，将决定你的速度和高度。

不知不觉，我说了太多，都是诚心真言，但事物都有两面性，以上观点仅代表我个人的看法。不同勿怪。

经济下行，有人感到焦虑，有人积极布局。有人认为市场已是一片沙漠，有人正要扬帆启航。蓝海版图，在有些人眼里，一直都在。祝福各位，拥抱蓝海，乘风破浪！最后我想说，**创业是一场修行，恰如人生**。但人生不仅仅是创业，还有许多美好的风景等待我们去欣赏。因此，无论你的理想国度是什么，愿你丹心一片，终能如愿！

接受自我，活出自我，超越自我

■ 易兴

“三十万个大学生”创始人
品牌年轻化顾问
国内多所高校特聘大学生创新创业导师

2002年，我坐上了火车，那时我3岁。火车车厢里人山人海，大人们背着大小不一的行囊。这一年，我被父母从他们打工的地方送回了老家。这是我人生中记得的最早的画面。

2008年，我被几个小学同学抓着头发用头撞墙，他们说我衣服到处都是补丁，像要饭的，我害怕极了。

2011年，我上小学4年级。有一次快放学的时候，老师布置了一篇作文，题目是《我的梦想》。当老师问到我的梦想时，我站起来说："以后我要当一个大老板!"全班哄堂大笑。回去以后我把这个事情分享给了我的妈妈，妈妈问我为什么想做大老板，我说："大老板有很多钱，就可以让你们和外公外婆爷爷奶奶搬进大房子，可以让别人尊重我，还可以捐钱给那些需要的人。"我妈妈对我说："我看你就是人小鬼大。"我对这件事印象特别深刻，因为由于妈妈长期在外打工，我们进行这番对话时，距离上一次见面，已经过去了8年。

2012年，上初一的我遇到了人生中第一位恩师，他鼓励我要自信，他教我们先学会做人，再学会学习。

2015年寒假，我在一家火锅店打工，被一位喝醉酒的客人扇了我一耳光，我跑到外面哭，那是我记忆中哭得最伤心的一次。初中高中期间，我一直在努力赚取生活费。

2017年至2019年，我策划举办了一场超过100所学校参与的阿里人工智能高校线下大会。我曾在阿里、京东、字节跳动等知名企业实习，还与师兄一起创业并成功融资。

2019年，我开始第二次创业，创办了帮助大学生成长的品牌——三十万个大学生。

2021年，创业2年后，公司营收超过千万。

2022年，我的创业事迹被中央电视台在内的多家权威媒体报道，受到多位副部级以上的领导的接见。我受聘成为西南财经大学、贵州大学等多所高校的大学生创新创业导师。

我制定了十年计划：

（1）10年内影响3000万个大学生；

（2）10年内帮助300万个大学生就业或创业；

（3）10年内精准赋能30万个大学生。

2023年，公司营收数千万，累计为客户创收3.3亿元，已服务过腾讯、阿里、联想、快手、京东等多个知名企业。

接受自我

以前，我因自卑而轻视自己，觉得家境和背景不如他人，在别人面前总是抬不起头，拒绝了很多美好的事物，认为自己配不上。后来，我开始把那些经历变成力量，勇敢地站上生活的“舞台”，敢于接受一切美好的人和事，我不再看不起我自己。

你的一切皆优势

有一次，我向恩师猫叔请教，谈及童年经历成为我自信的阻碍。猫叔用一句话就点醒了我：“你的一切皆优势。”

我们很多人的自卑和胆怯都来源于原生家庭，但这是无法改变的事实。那么，应该怎么办呢？

我的答案是：转变观念。

正是因为你家境不好，吃了那么多苦，你才有资格去影响和帮助更多需要帮助的人。正是因为出身寒微，我才能鼓励那些像我一样家境的同学勇敢地迈向更大的世界。

你看，过去的经历都变成了我们宝贵的财富。

接纳自己的一切

别人认为你是怎么样的人并不重要，重要的是你允许自己成为什么样的人。

在现实生活中，我们可能会对他人有很多不满。在心理学上，对别人不满其实就是对自己不满的投射。

因此，放下批判自己是第一步。很多人老是觉得自己这不行那不行，拿自己的短处和别人比较，然后一次次批判自己、否定自己，最后让自己迈向平庸。

每个人都有自己的天赋，我们既要接纳自己的优点，也要包容自己的不足。允许自己在某些方面做得不好，允许自己在某些时刻表现出无知，全然地接纳自己并深深地爱自己。记住，你的内心是一个小孩，它不会十全十美，这个小孩偶尔调皮、偶尔犯错，请你不要责怪他，告诉这个小孩：无论如何，我都爱你。

我很值得

以前，我从来不会给自己买贵的衣服，出差也都是住经济型的酒店。起初，我觉得是我财富积累还不够，后来，财富慢慢增长，还是不舍得消费。我一直在思考原因，后来我发现是因为很小的时候大脑里有个观念：我要变得足够好以后才能配得上美好的东西。但现在我不这样认为了，我认为自己本来就值得拥有人间一切美好，应该是那些美好的东西配得上我。

在这里，我并不是鼓励你用物质来衡量自己的价值，而是希望你有更强大的内心，你一定要告诉自己：**我值得，我是一个非凡的人**。**这样，你就会屏蔽掉外界的低质信息**。

别人认为你是怎么样的人并不重要，重要的是你允许自己成为什么样的人。

张桂梅校长立下的校训中有这么一段话："我生来就是高山而非溪流，我欲于群峰之巅俯视平庸的沟壑。我生来就是人杰而非草芥，我站在伟人之肩藐视卑微的懦夫。"

记住，你值得！

活出自我

什么才是活出自我？

以前，我思考了这个问题很久，后来为自己给出了这样的定义：活出自我就是倾听内心真实的声音，并满足自己的需求。

做一个有边界的人

我认为，这是活出自我最重要的基础。

你喜欢什么，讨厌什么，你的内心早有答案。但在这个复杂的现实世界，我们往往会为了追求其他东西而暂时忽略自己真实的内心。我们会掩饰自己，逃避真实的感受。

因此，第一步是建立自己的边界。我内心抗拒的东西到底是什么？如果是真的抗拒，那我们应该在行动上迅速做切割。

例如，早期的时候，我经常要参加应酬，喝酒了以后非常难受，但我为了融入氛围，勉强自己喝酒。身体给了我很多次警告。

后来，我的内心告诉我：我并不喜欢喝酒，我也不想通过喝酒来换得"感情"。于是，每次和别人见面，我都会特别强调我不喝酒，如果对方非要我喝，我将不再和这个人来往。

这是我为自己设立的社交边界，当然这并不代表我这一辈子就滴酒不沾了，和志同道合的朋友在一起小酌一杯是享受，但与不同频的人在一起喝酒，就是对生命的消耗。

尽早建立自己的边界，并把自己的边界清晰地告诉所有与你有关的人，这是能让我们活出自我的外在保障。

高级的人生是一种克制，而更高的境界是自由。

“做到了”才能“活出来”

很多人找到了自己内心的声音，但就是不去行动，这并不是真正地活出自我，而只是在大脑里面虚构了一个理想中的自我。例如：你渴望突破和成长，但你在实际行动中，却不看书、不见优秀的人、不努力工作，放任自己，这样的做法并不是活出自我，而是逃避自我。

“做到”才是一个人真正的认知，“知道”只是虚假的幻象。“知道”而不“做到”就会把自己变成一个矛盾体。比如，一个人深信“坚持就一定能成功”，但遇到问题时马上就放弃，次数多了以后，这个人就很难活出真正的自我了。

看见高峰才能成为高峰

每个人的生命意义都是独一无二的，但当我们还不知道自己的生命意义之前，我们应当去了解世界上更高层次的生活方式。

牛顿曾说：“我之所以看得远，是因为我站在巨人的肩膀上。”一个从来没有见过高山的人，自己也不能成为高山。因此，在现实生活中，我们可以去接触各行各业的高人，探寻他们的人生智慧。当你见的高人多了，你自己也会慢慢成为高人。

这些年，我成长迅速的原因之一就是大量接触高人。遇到比自己厉害很多的人，要主动靠近学习，我在向高人学习的路上已经投入了至少七位数的成本，并且每年还在持续投入。别人常常开玩笑说我是“韭菜”，但只有自己心里清楚自己想要的到底是什么，你想要成为高山，你就必须先看到高山，你才知道真正的高山是什么样子。

近几年，“对标”这个词流行起来，提倡寻找参照物，促进自我成长与迭代。你不仅可以从近代人中对标，也可以对标那些充满智慧的古人。这样，你能得到源源不断的思想能量。

超越自我

马丁·路德·金曾说：“你无法用同样的思维方式解决问题，因为造成问题的正是那种思维方式。”要想不被自我思维限制，就必须要有超越自我的精神。

超越自我是一件极其令人兴奋的事情，古往今来所有的伟人在达到一定境界后都在追寻超越自我。

以前，我对超越自我的定义是：今天的自己比昨天做得更好。但现在，我对超越自我的理解是：“以自己为中心”和“放下自我”。这两者看似矛盾，实则共存。

“以自己为中心”意味着忠于自己的内心，而“放下自我”是实现“无我”的状态。一个既能忠于自己内心又能达到“无我”境界的人，其实每时每刻都在超越自我。超越自我最快的方法就是去做一些对自己有帮助的但自己不敢做的事，做得多了，那个“小我”会被稀释，真正的“大我”才会真正成长起来。

超越自我是一场没有终点的旅行，你我都是这场旅行的探索者。

写在最后

在茫茫人海中，感谢和你在这本书里相遇，愿我简短的文字能给你带来向上的力量！

差点饿死的我，靠创业改变了自己的命运

■ 陈孝钦

小铁自助台球创始人

10 个月开 1500 家门店，成为台球行业头部品牌

国内第一批共享自助项目参与者

深耕共享无人自助行业 10 年

这是一个关于普通人在困境中奋发向前，勇敢改变命运的故事。

我出生在一个单亲家庭，在我很小的时候，父亲破产入狱，家中的 7 个兄弟姐妹失去了依靠，度过了三年黯淡无光的童年。

记得有一天，饥饿让我无法忍受，那一刻我觉得人活着毫无意义，除了吃苦就是挨饿。我顺手拿起地板上的绳子，就在床头打了个结，把脖子套进去了。然而绳子断了，摔下来的时候好痛，让我意识到不想活也挺难的。

不知道过了多久，家里的门终于被推开了，一个邻居端来了一锅面，那是一碗没有任何配菜的面，但是我到现在都一直记得，那面条的味道是甜的。我的童年就是在吃百家饭的关照下度过的，得到了很多人的帮助。

这次生与死的思考，让我觉得自己非常幸运。我这一生遇到了太多的好人，我觉得大家都很困难，他们自己可能也没有多少收入，也要养家糊口，还愿意去帮助别人，真的太不容易了。

所以我很小就告诉自己，一定要活得有骨气，一定要改变命运。我要做个有价值的人，能够帮助别人，回报那些曾经帮助过我的人，这成了我一生最大的动力与愿望。

我知道打工给不了我想要的未来，只有创业才能给我希望。从此，创业的道路上多了一位勇往直前的少年。

创业的不易

2011 年，还没有毕业的我就开始第一次创业，几个同学众筹了几万元，投身电商行业。我们期待着迅速可以年入百万，结果不到三个月就经历了五次诈骗，本金全赔了。无奈之下，只能找工作还债。

那时候找工作也挺难的，我投了很多简历，却大多石沉大海，没有回音。我与马云有着相似的经历，曾去麦当劳求职，也不予录用。最后，我拿着简历走进一家公司，主动提出先为公司工作，待表现得到认可后再给工资。就这样，我有了第一份工作。

我不要命地工作，两年从基层晋升到高层，挣钱还了债，我开始有点飘了，内心又开始躁动。2014 年，我开始了第二次创业。

这次主要从事工程项目，那时候，我觉得挣钱真的特别容易，只需吃吃饭，生意便如捡钱一样。然而，当我满怀信心地准备迎接年入百万的时候，一个别人梦寐以求的大订单，成了我的噩梦，一夜之间负债百万。

我仍不甘心，借钱开始了第三次创业。

2016 年，听说卖软件一本万利，我又成立了一家软件服务公司。然而，现实却给了我响亮的一巴掌。不到半年，公司就关门大吉。这次失败让我意识到，自己年纪轻轻就已经破产两次。我又开始思考，是否我真的不适合创业。

命运的转折点

那段时间吃饭都是没有味道的，睡也睡不着，有人说我这是抑郁了。这样的状态大概持续了两个月，突然有一天自己就顿悟了，就像牛顿被苹果砸到脑袋的那种感觉。我觉得我还年轻，是个小伙子，我应该去深造自己。我深刻地认识到，仅靠一个人是做不了大事情的，一定要寻求合作，加入团队，让自己不断成长。

2016 年，我那时候刚好看到一篇报道，讲述聚美优品的陈欧投资共享充电宝项目并与王思聪发生争执的事。当别人还在看笑话时，我却坚信这个行业一定有前景。于是，我投身了这个行业。

我们最初的项目是共享按摩椅。2017 年，项目刚起步时，一个月的流水只有几万块钱。到了 2018 年，年流水已达 1.3 亿元。现金流非常可观，两三个月就可以回本。这个项目为我奠定了非常重要的行业基础。

在接下来的 8 年里，我成为共享无人自助行业的第一批从业者。我们参与了最少 30 个项目的投资和运营，每个项目的投入从几十万元到几百万元不等，总投资额达亿元。因此，行业给我打了个标签——“花了一个亿洗礼的产品人”。这个过程让我们积累了大量的失败经验，从产品技术到团队都得到了很好的锻炼。

十年磨一剑，在疫情中找到新机遇

2022 年，我们启动了一个名为“小铁无人自助台球”的新项目。该项目改变了传统台球房的商业模式，采用 24 小时无人自助营业，通过物联网将球房做精做小，搬到更多人家门口。借助 AI 人工智能技术，实现真正的无人自助经营。老板可以用一个手机轻松管理多家门店，让台球行业得到更好的发展，技术助力让更多人实现灵活创业和就业。

我们从 2022 年只有 6 个店，到 2023 年 2 月对外开放，3 个月便成为台球行业头部品牌，8 个月后，门店数量突破 1000 家，10 个月突破 1500 家。目前，闭店率为 0，自助台球行业技术遥遥领先。我们是行业内唯一一家用 AI 人工智能技术赋能实体门店经营的品牌。

你可以通过微信公众号、抖音搜索“小铁自助台球”，体验这个高科技球房。

目前，公司也迎来了最大的挑战：如何搭建一个完善的体系，以确保能够顺利承接每月 300—500 家新增门店的服务工作，并更好地保障合作伙伴的权益。

因此，我现在在公司主要做两件事情：招人和花钱。欢迎感兴趣的朋友加入我们，共同打造万店品牌，让小铁自助台球成为台球行业的“瑞幸咖啡”，让台球运动更加普及，助力中国台球体育文化事业加速发展。

对无人自助领域感兴趣的朋友，欢迎联系我交流学习。我们可以提供技术支持、项目顾问、天使投资等方面的帮助。

最后给想创业的朋友三个建议

学会选择

在人生中，小事可以通过努力解决，大事则需要依赖所谓的“命运”。能否在正确的时代做出正确的选择很重要，大势不可逆。

遇到贵人

跟对人、做对事很重要。人这一生最大的“运”，就是遇到一个正确的平台或者合适的人。在正确的团队中，挣钱会跟捡白菜一样，成长也会变得非常简单。

学会夹缝求生

三百六十行，每行都很难。作为一名普通的创业者，一定要学会错位竞争，找到适合自己的领域，并充分利用自身优势，让别人进不来，从而成为该领域的头部企业。

作为一名普通的创业者，一定要学会错位竞争，找到适合自己的领域，并充分利用自身优势，让别人进不来，从而成为该领域的头部企业。

AI 和短视频，普通人的超级“外挂”

■ 冷锐

企业数字化品牌营销顾问

成都蓉漂人才发展学院 AI 顾问

10 万粉丝科技自媒体号主理人

在这个内卷的时代，每个人都在寻找那些能够让自己脱颖而出的超级“外挂”。对于像我这样的普通人来说，找到这样的外挂并非易事。然而，本书的读者是幸运的，大家已经走上了一条超车道。现在，让我来分享我的故事，为你们的事业添砖加瓦，这也是一个普通人成就自我的故事。

小镇青年走进城市

我的故事开始于一个平凡的西南小镇，那里的生活宁静而单纯。作为一个小镇青年，我从小被父母灌输着一个信念：唯有通过读书，才能走出小镇，看到更广阔的世界。在大学期间，我选择了计算机专业，并担任了两个社团的会长，同时我还痴迷摄影，把图书馆所有关于摄影的书都借来看了一遍，我制作的一部校园影片甚至成为南开大学电影节的开幕电影。

毕业后，我以本科面试第一名的成绩加入了一家民航单位，成为一名雷达维护人员。从助理工程师、工程师到主任工程师，我一路走来，不断成长。我还创办了一家照相馆，后来在投资人的帮助下，门店数量翻了三倍。有过实体门店创业经验的朋友一定能理解，虽然照相馆在各商圈销量霸榜，媒体报道不断，但我的个人收益却经常低于员工，这让我感到既痛苦又迷茫。

天上会掉馅饼吗？

2019 年，得益于一次偶然的机会，我发现了柬埔寨的租地盖楼项目，这让我看到了商机，更重要的是这也带来了摆脱旧生活的希望。我决定冒险一试，卖掉了家中的老房子，并向银行贷款，将全部身家 670 万元投入到了这个项目中。柬埔寨的快速发展和大兴土木的商业环境，为我带来了前所未有的利润，每个月都有至少数十万元的收入。这个阶段的我，仿佛成了上天眷顾的幸运儿，甚至去试驾了劳斯莱斯。

但很快，2020 年，全球危机来临，外部环境急剧恶化，项目也随之崩盘。我不仅失去了过去十年所有的积蓄，还背负了巨额债务。32 岁的我面临着前所未有的生活困境：无业、无收入，唯一剩下的，只有沉重的债务。

从一无所有到以一当百

在经历了长达近 200 天的低谷期后，我意识到只有放下幻想，脚踏实地，才能找到出路。于是，我摒弃了一切不切实际的念头，决定再次踏上创业的道路。这次，我选择了短视频方向，充分发挥我的视频制作能力。在接下来的短短 6 个月内，我的努力开始显现成果。

我为大客户制作了 70 条高质量的短视频，包括访谈视频、宣传片、活动纪录片，以及创新推出了一档职场综艺直播栏目。这些内容不仅引发了广泛关注，成功塑造了一个年轻、专业、精英的团队形象，极大提升了客户品牌力，还打造了行业内的全国标杆案例。

随后，我受聘为客户公司的“数字化品牌运营中心”负责人。其实在随后的一年时间里，这个部门仅有我一个人。

下面，让我为大家展示一下“一个人活成了一家公司”的含义。

我负责视频号平台的主题策划、拍摄制作，以及直播活动的策划和执行。此外，我还负责部分日常活动的海报制作、照片拍摄和视频制作。通过高效和创新的工作流程，我确保了内容的高质量和及时发布。

同时，我还搭建了与视频号同名的线上知识平台，让客户公司的同仁们通过手机就能轻松访问知识店铺。一年半时间，平台制作上架了超过 100 节课程，举办了超过 60 场直播。这样，即使在疫情特殊时期无法线下聚集的情况下，公司的同仁们仍能在线上相互交流和学习各种课程，极大增强了组织的凝聚力。

凭借过硬的学习力和创新思维，以及我的多面手能力，我成功推动了这家公司的数字化营销发展，进一步打响了客户公司在中国的知名度。数字化品牌运营中心成为公司在市场上一张强有力的社交名片，也成为这家公司的最强外挂之一，服务范围从内部开始辐射到他们的客户端。

从门外汉到拥有话语权

随着 Midjourney 和 ChatGPT 等 AI 工具的发布，我也立即将这些 AI 工具应用到工作流程中。AI 不仅是一个前沿的技术领域，而且具有改变行业的巨大潜力。

众所周知，ChatGPT 的爆发式增长是在 2023 年 3 月。也正是在这一月份，我正式开始全身心投入到 AI 领域的研究中。我的兴趣在这一领域迅速增长，以每天 12 小时为单位，我开始疯狂学习 AI 的新技术和工具，并将这些知识应用于实际的商业活动中。

伴随着人工智能热潮的不断升温，各行各业对于 AI 技术的好奇愈发浓厚。因此，在 2023 年 4 月，我为两百位创业者带来了一堂知识盛宴，主题名为“如何应用 ChatGPT 和人工智能为创业者降本增效”。在合伙人的支持下，我将 AI 赋能课程（AIGC）作为自己的发力方向，并不断深耕和开发相关内容，陆续推出了一系列赋能创业者的课程，如数字化赋能新锐领袖、个人品牌力提升指南、巧用 AI 助理助力保险营销等。这些课程通过生动幽默的教学风格和丰富的案例分析，帮助创业者们在营销活动中高效创作内容，扩大个人品牌和服务的影响力，触达更多的潜在客户。

同时，我还开发了专属软件，使客户们能够零门槛使用主流 AI 工具，并且可以分享给他们的客户或者候选人使用。这些工具包括各种 AI 对话大模型、思维导图系统、图片生成系统、专家答疑系统、社交媒体营销工具和短视频口播脚本工具等，为客户提供了高效和便捷的工作方式，以及人机互动的切入点。借助 AI 的力量，人们能够节约大量时间，降本增效，并增强客户黏性，提升互动和转化率。同时，拥有专业的 AI 团队持续赋能，有助于提升客户公司在候选人眼中的吸引力，助力招聘工作取得成功。

我的事业突飞猛进

在多次创业过程中，我深刻认识到选择正确行业的重要性。AI 领域对我来说就像是命中注定，每一个月都会有突破性的进展，像是为我的人生开启了“外挂”。

2023 年 5 月，应四川省人工智能研究院邀请，我担任其 AI 人才创新中心高级讲师。同时，我还被成都蓉漂人才发展学院和成电创客基地聘为顾问，为成都地区乃至四川省的 AI 产业发展贡献力量。我设计并推出了一系列在线课程，涵盖 AI 基础、短视频制作技巧、选题策略等多个方面。这些课程既为初学者提供了宝贵的入门知识，也为有经验的创作者提供了一些见解和技巧。

同年 8 月，我受邀参加“中国品牌创新发展工程”，并前往央视农业频道演播厅进行了“时代下的 AI 创业者”选题呈报。因为持续输出高质量内容，我的视频号“AI 冷科长”也成了金 V 认证的科技自媒体，越来越多的企业邀请我进行培训和分享。

在这个过程中，我也开始塑造自己的个人品牌，开启了自己的 IP 发展之路。有时候，一条视频就能涨粉几千，这让我深刻感受到了新媒体和人工智能的巨大力量。

乍一看，这像是一个抓住风口和趋势的故事，但这一切不是偶然，甚至可以说是必然。我的计算机专业背景和多年雷达工程师的经历，让我能够从容应对 AI 时代的挑战。与此同时，作为多年的 vlogger 和曾经三家照相馆的老板，我在以短视频和直播为主的新媒体时代才能够游刃有余。目前，我精准地将这两个当下最盛行的且普通人能够接触和掌握的领域相结合，用我的经验和技术去完成更有意义的事：帮助更多的创业者和企业掌握 AI 和短视频这两大杠杆。

这个曾经在低谷中挣扎的小城青年，现在站在一个全新的舞台上，不敢停下脚步，始终保持着对未来的无限渴望，坚持不懈地努力前行。

每个人的出生或许只能决定起点，但命运的终点却是由我们自己掌控的。我希望通过分享自己的经历，鼓励更多的人从低谷中站起来，利用短视频和 AI 的力量，为个人和企业创造新的发展动力。**我相信，每个人都能用 AI 撬动属于自己的未来。**

每个人的出生或许只能决定起点，但命运的终点却是由我们自己掌控的。

放弃年营收 3000 万元的公司，全力做国际教育，我经历了什么？

■ 钱超超

麦程教育创始人
专注于新加坡留学、研学、身份规划
每年深度辅导 300 个孩子上名校

教育是改变命运成本最低的方式，也许是很多人唯一的方式

我出生在一个位于湖南的八线小镇，过着和很多人一样的平凡生活。可能受家庭环境的影响，我认定一件事，就会全力以赴地投入，对朋友也充满真诚。

我在运动上颇具天赋，上高中时就给自己定下了考取北京体育大学的目标。当时其实并不知道自己与目标的距离，但回过头来看，正是这种无知让我勇往直前。

除了出生，人还有三次改变命运的机会：第一次就是上大学，第二次是婚姻，第三次是自我觉醒。我的命运齿轮是从前往北京上学的那一刻开始转动的。

在那几年里，我所学到的知识、增长的见识以及结识的人脉为我今后的创业奠定了基础。

生命中需要贵人，但是你得具备吸引贵人的特质

2012 年 7 月，大学毕业后，我顺利地进入了一家事业单位工作，但是年轻气盛的我忍受不了那种安逸的生活，在工作了半年后，我就决定辞职了。现在回想起来，当时确实有些冲动和无知，如果坚持下去，现在至少也混成个处长了。

但是我从来没有后悔过，最起码我拥有了选择的权利，自己选择

的路就要自己承担。能果断辞职的一个很重要的原因是，毕业后我住在同学家，没有房租的压力，直到后来我自己租房才知道北京的房租这么贵，很多人一个月的工资大部分都要用于支付房租。

同学还有一辆自己不怎么开的车，也被我“霸占”。生活的优越感让我有更大的勇气去选择做自己喜欢的事。在后来的创业过程中，我同学也给我提供了必要的经济支持。我想，这就是所谓的贵人，是我一切事业的起点。

利他才能利己，有舍才有得

2013年，我从体制内离职后，就开启了我的第一个创业项目：针对企事业单位提供差旅服务。那时候携程等网络平台还没兴起，机票酒店业务的利润还不错。

创业初期，业务进展一般。一个偶然的机会改变了公司的命运。我们服务的一个客户在预订机票时，由于对方把其中一个人的名单漏掉了，导致该客户到达机场时发现没有自己的航班信息。当时只剩高价头等舱了。为了解决客户的问题，我自己垫付了头等舱机票费用，确保客户如期出行并顺利完成工作。恰好，和我们对接的是老板的亲弟弟，他对我诚实守信的行为给予高度评价。在后续的交往中，他决定投资300万元，占股70%。有了这笔资金，公司业务突飞猛进，公司规模扩大了几十倍。

为了提升客户服务的效率，我开始研究互联网软件，从而更好地满足客户需求。随着航空公司减少返佣，各大差旅平台相继涌出，我们投资人提前嗅到了风险。2014年底，公司将业务整体打包卖给了一家需要规模的同行公司。作为股东，我获得了150万元的现金以及一辆公司用于招揽业务的速腾车。

我的第一段创业经历持续了 2 年，以这样的方式结束，我不知道是成功还是失败，但对我而言也算是拿到了结果。

风口上的猪飞起来后，应该思考如何在风停之前着陆

2015 年，我带着上一家公司留下的 6 人技术团队开启了第二段创业旅程，主营业务为软件定制开发。我负责接洽业务，他们负责研发与交付。

我还记得第一个客户是来自秦皇岛的，客户晚上 9 点给我打电话说："你要是明天早上 9 点能过来，我们就当面把合同签了。"我想都没想就答应了。第二天早上 4 点，我从北京驱车 300 公里前往秦皇岛，就为了签一个 4 万元的合同，直到现在我还很佩服自己当时的那种干劲。

正好我也赶上了当时的互联网热潮，各种 B2B、B2C、O2O 业务模式层出不穷。很多人坚信互联网是改变命运的机会。而我，当时在做软件开发，为那些在互联网浪潮中淘金的人们提供渡船服务。

两年时间，我们的团队从 6 人扩展到 60 多人，销售人员只有我一个。回想当时那个疯狂的市场，真是让人感慨万分。然而，市场是有周期的，互联网热潮逐渐退去，我也嗅到了危险的气息。

2018 年，我一边裁员求稳，一边将公司转向 SaaS 软件服务方向。最后，我把目光转向中小学软件管理系统这个细分赛道。经过两年的研发和市场拓展，虽然我们没有做出规模，但市场需求的验证和产品稳定性的打磨为我们未来发展奠定了基础。

当机会来临的时候，需要有抓住机会的实力

2020年初的一场疫情，对于很多人来说是一场灾难，但是对我来说，却是一个机遇。在疫情期间，互联网工具成为学校的必备。

同年，企业微信教育版为了占领学校市场，启动了10亿补贴的“启航计划”。我们联合腾讯企业微信，在2年时间内，成功覆盖了3000多所学校，腾讯给予我们的补贴就高达几千万元。

与此同时，这两年我也变得非常忙碌，一年大概有200多天在全国各地出差。回家的日子，就如同住酒店一样。

这次公司的逆势增长，离不开机会的加持，但我们不能忽视抓住机会的实力。

停下脚步，复盘我的这10年

2022年，我经历了两件大事，它们成为我生命的转折点。

第一件事：我做了人生的第一次手术。因为长期出差和饮酒，我的痔疮频繁发作，不得已去做了一次手术。虽然这只是一个只需要几分钟的小手术，但术前检查、术中麻醉和术后住院观察等环节仍然让我深感不适。这次住院经历让我看到了许多被疾病折磨的病人，无论贫富，来到医院都要面对同样的困境。

第二件事：配合纪委调查。我们服务的一所学校的领导被调查，由于有一些资金上的往来，我需要配合纪委的工作。整个调查过程大约持续了8个月。这段经历让我深刻认识到，法律的红线千万不能碰触。

经历过这两件事，我想是时候该停下脚步，回顾并反思“我的这10年”。

借鉴过去的经验，照亮前行的道路，让未来更加光明。我提炼出以下五点人生感悟，希望对你有所帮助。

以牺牲健康为代价的任何事都不要做

过去我可以为了一个项目把自己喝得不省人事，直到住院治疗才意识到身体的重要性。家里脏了可以请小时工打扫，喝酒了可以请代驾开车，但是你生病了，就只能自己承受。**没有了健康的身体，你拥有的一切将变得没有意义**。

守住法律的底线，避免风险

经历过纪委调查事件后，我更加坚定地远离法律风险。很多人为了达成目的不择手段，行贿受贿，触碰法律的红线，这种行为不仅助长不良社会风气，还为今后的人生埋下隐患。

树立靠谱的形象

没有人愿意和一个看起来不靠谱的人合作。要让自己看起来靠谱，可以从以下两个方面努力：**一是让自己变得足够专业，这个通过学习就能够达到；二是少点套路，真诚待人，多换位思考**。只有你看起来靠谱了，别人才会想和你进一步洽谈。

多做具有复利效应的事

在评判事务价值时，要考虑其是否能带来复利。例如，健身能提高生活品质；读书能丰富知识体系；真诚待人能树立良好口碑。这些就是能带来“复利”的事情，要多做。正因如此，我在年过 30 之际，还申请攻读南洋理工大学的硕士课程，相信名校带给我的知识和圈层能让我受益一辈子。

家庭、事业、健康、学习均衡发展

我一直把家庭、事业、健康和学习比喻成一辆车的四个轮子，缺少了任何一个轮子，车子都不能正常行驶。不能为了事业损害健康，否则得不偿失；家庭和谐，事业才更顺利；不断提升自我，方能走得更远。人生是一场马拉松，不是比谁起跑快，而是看谁能跑到最后。

下一个 10 年，我要投身国际教育领域

2022 年下半年，我来到了新加坡，一方面是为了支持家人在此学习，另一方面也是想拓宽视野。

来到新加坡后，我被问及最多的就是：“我的孩子成绩一般，想送他去新加坡留学，你能帮我选择合适的大学吗?”出于对朋友的责任感，我亲自考察了新加坡的每一所大学，并在 3 个月的时间内帮助 12 位孩子制定了适合他们的升学方案。这件事让我很有成就感，我觉得他们在我的帮助下受到了更好的教育，可能也因此改变了他们的命运。

至此，我找到了我的第二增长曲线：国际教育。2023 年，这一年我不仅帮助 500 多个孩子申请到了适合他们的大学，同时还向新加

人生是一场马拉松，不是比谁起跑快，而是看谁能跑到最后。

坡 AI 科技研学、芭蕾舞艺术研学、企业家出海研学等三个领域做了延伸。

我看好出海业务，中国的企业需要走向世界，我们也需要学习国外的先进知识来强大祖国。在下一个十年，我要全力以赴投入国际教育领域，期待与志同道合的你携手共进。

在新消费时代，培育钻石行业创业有哪些机遇和挑战？

■ 杨翎（Victoria）

培育钻石高级定制品牌 DiaMore 创始人
十年股权投资人，经手数十亿投资项目
ICF 国际教练组织认证 PCC 专业级教练
帮助上千咨询者解决个人情绪、情感、
亲子家庭、职场关系问题

创业的缘起和历程

我从小就有一个创业梦，坚信事业的终点一定是创业。小时候，我最喜欢看的电视节目就是王利芬老师主持的《赢在中国》，我会非常认真地看那些前辈们真刀真枪地应对各种商业实战，还会把自己带入角色，想象着长大后自己创业时如果碰到类似的情况会如何决策。高考后填志愿时，我的第一志愿也是唯一志愿，就是市场营销专业。在专业课上，我经常会与导师热烈探讨各种商业案例，兴趣盎然。

我的积累源于从事股权投资工作的高强度训练。从基础的分析师岗位开始，我经历了系统化、模块化的学习和实践，学会了从哪些维度和关键点判断一个行业的增长机会和市场体量等数据。我意外发现了培育钻石这一细分行业的巨大潜力，并且做了大量的调研分析。

我是一个非常喜欢买珠宝首饰的女性，看到散发耀眼光芒的珠宝就挪不开眼，我觉得珠宝对于女性来说最重要的功能是“悦己”。购买、佩戴和闪耀的过程，是一种“我值得”的自我肯定，大到一件高级定制的高价珠宝，小到一件普通材质的饰品，都能彰显佩戴者的自我风格和个性。

契机是与我一位珠宝专业科班出身的好友聊起近况和创业想法。我们一拍即合，恰好补足了创业初期需要的各大模块的能力。于是，我们着手开始创业项目。我们从 5 平方米的小屋子开始，全职投入创业，用了大半年时间完成了市场调研、战略定位、专业知识学习、产品线和款式的规划和设计、定价体系、宣传渠道、包装设计打样以及第一批样品出货等前期工作。然而，没多久就遭遇疫情，我们开启了商业模式和工作模式的全面转型。

我从小就有一个创业梦，坚信事业的终点一定是创业。

创业过程中遇到的困难和措施

首先，专业知识不足是我面临的一大挑战。我是学市场学和金融投资的，并不是珠宝专业出身，所以从专业角度上来说，我需要弥补从横向的各类宝石知识，如培育钻石、天然钻石、天然宝石、培育宝石、莫桑石、锆石、珍珠、翡翠等，到纵向的产业链知识，如选钻、镶嵌制作工艺的把控以及市场需求把握等方面。我需要拼命地学习，尽量缩小专业知识上的鸿沟。

第二个是市场教育。虽然培育钻石在欧美市场很早就被消费者熟知和认可，但在中国，其真正进入消费者视野的时间仅有三五余年。哪怕到今天，绝大多数的中国人还是不知道培育钻石是什么，甚至会把培育钻石与锆石、莫桑石混为一谈。随着近一年培育钻石价格下降，消费者更会认为很便宜的东西意味着品质不好，其实并非如此。培育钻石与天然钻石具有相同的特质，只是生长环境和周期上有所不同。它们在物理性质和化学性质上保持一致，同一参数下，肉眼无法区别。二者的定价都按照4C标准（克拉、颜色、净度、切工）综合评价。选钻也是一门专业技能。不同形状的钻石评判标准不同，同一个形状的钻石，钻石证书、不同参数搭配以及瑕疵形状和位置等因素都会影响钻石的整体表现。不同克拉数档位的钻石在4C评价维度和权重上也存在差异。

很多消费者以为有了证书和简单的4C参数即可选购钻石，事实并非如此。针对这方面的市场教育空缺，我一直致力于通过一对一的客户沟通以及拍摄短视频等方式，普及培育钻石的知识，尽量减少市场信息差，帮助客户找到适合自己的作品。

第三个是调整客户期待。有相当一部分客户认为培育钻石定制首饰价格低廉。实际上，除了是将天然钻石换成培育钻石外，我们的产品在品控要求、用金用料、定制师傅的选择标准和整体定制流程方面，与天然珠宝高级定制完全一致。有时，金价和工费甚至超过了钻石本身的价格。低价不代表高性价比，所以我的客户都是在追求高品质的前提下，再去关注性价比。

第四个挑战是行业竞争。最早在中国面向消费者的培育钻石定制品牌有三家，至今倒闭了两家，剩下的一家也面临合伙人分道扬镳的困境。这是第一批“吃螃蟹”甚至早期入局新行业的公司需要承担的机会成本。对于这个问题，我的理念是坚持长期主义，控制好公司成本和现金流，我永远跟我的客户站在一起，想客户之所想，为客户效劳。诚信为本，由己及人，爱惜自己的羽毛，打牢专业基础，坚守原则，才能在变化莫测的市场环境中稳步前进。

第五个挑战是疫情影响。疫情之前，我们的产品体系、设计风格和定价体系更倾向于中产消费群体，注重个性化的原创设计，我们花大价钱、投入很大精力请到了某国民品牌亚太区设计总负责人为我们的整体产品设计操刀。疫情之后，我们不得不改变整体战略，从瞄准中产消费群体到向两侧延伸，一方面转向更加务实、接地气、适合特定场景且有特定功能，比如求婚、结婚、周年纪念等场景的大众消费品方向；另一方面，往更追求细致、独特的设计，一客一稿一品，不做二次销售的高端市场挺进。并积极拓展海外市场，走出国门。

购买培育钻石的客户有哪几种类型?

第一类是有结婚刚需的人群。他们一般比较年轻、思想更加开放，了解培育钻石和天然钻石都是真钻石。在相同预算下，选择购买培育钻石可以买到更大、更好、更精致的钻戒。部分预算有限的客户会选择用购买培育钻石的差额购买保值增值的黄金或者进行投资理财。

第二类是置换型人群，如结婚周年礼物置换、升级天然钻石产品等。

第三类是送礼刚需人群，将高级定制的培育钻石首饰送给亲人、长辈、朋友、客户、良师。既精美，拿得出手，又不至于价格高昂，增加经济负担。

第四类是海外华人。海外华人通常都了解培育钻石的概念和性质。就裸钻而言，中国是全球最大的培育钻石出口国，同样的 4C 标准，在国内外有巨大的价格差。就镶嵌工艺而言，全球最大的珠宝镶嵌基地也在中国，中国的镶嵌工艺更加精细，中国的设计更加多元化。凭借语言和文化的优势，许多海外华人选择购买中国商家的培育钻石高级定制产品，既省钱，又能买到更高品质的产品。

第五类是贵妇级人群。很多人觉得消费力强的人群不会去购买培育钻石首饰，这就大错特错了。她们对培育钻石高级定制产品的消费是非常可观的。在特定场合，她们需要搭配不同风格、形状和颜色的珠宝，这时培育钻石的性价比就很明显了，天然钻石的价格是培育钻石的十倍，甚至上百倍、几百倍。再加上钻石饰品的“悦己”功能，她们更愿意经常更换大小、颜色和款式。对于这部分人群来说，她们的时间宝贵，不愿意花费大量时间在学习专业知识和避坑指南、挑选比较和讨价还价上，她们追求的是高品质和贴心的服务，而非将就的质量和低价格。与她们强调“一分价钱一分货”和“专业的人做专业的事”的理念，就很快能达成共识。专业和诚信是永不过时的必杀技。通过热心接待、真诚沟通、把控品质和优质售后服务，赢得她们的信任和青睐。

在新消费时代，培育钻石高级定制首饰会呈现什么特点和趋势呢?

总体来说，在新消费时代，我认为培育钻石高级定制首饰的发展一方面会更加贴合普通消费者的需求和喜好，另一方面会往更大、颜色更多、形状更独特的设计方向发展。以下是我预测的几个特点和趋势：

（1）培育钻石产品的普及程度不断提高。随着技术的不断突破，相比天然钻石，同样的参数，培育钻石的价格更低；而同样的价格，培育钻石可以做到更大，颜色和净度更好。这让越来越多的女性能拥有自己的闪耀首饰。

（2）原创设计的高级定制产品越来越多。新消费时代是追求个性化的时代，每个人都希望自己的饰品是独一无二的存在，来彰显自己的个性和独特品位。培育钻石的定制服务正好满足了这个需求，让消费者在戴上真钻石的同时，还能定制有自己故事的个性化首饰，更加经济实惠。

（3）随着培育和切割技术的进步，大克拉、各种形状和颜色的培育钻石高级定制首饰越来越多，女性的悦己需求得到满足。

（4）中国将出现有代表性的培育钻石高级定制品牌，走出国门，迈向海外，把中国先进的钻石培育、切割、镶嵌技术和设计能力带到全球。

我的愿景

受人之托，忠人之事，每一个培育钻石高级定制珠宝首饰都承载了客人的故事和期望，我必不辜负每一位客人对我的信任！每一位找我定制 DiaMore 培育钻石首饰的客人，都能拥有和享受物超所值的产品、专业贴心的售前与售后服务。我将带领 DiaMore，提升国内品牌的影响力，并走向海外。

聆听生命之声

■ 亦凡

心理学博士，跨界探索多元文化中的整合健康与哲学智慧

国家首批艺术疗愈师

中优协心身发展评估委委员

助力组织和个人设计幸福路径，挖掘生命潜能

你好，我是亦凡，是一个跨界生命艺术探索者。在过去的 15 年里，我致力于身心疗愈的研究和实践，深度游历了全球 100 多个城市。我对很多事情充满好奇，例如多元文化中跨越差异的智慧、身心整合健康、自然与艺术之美、可持续的商业和生活方式，以及 AI 科技。最令我着迷的是生命本身。

我喜欢收集故事，我的工作也是我的生活：旅行、对话、咨询、授课。在向外探索的同时，也向内行走。

在乌卡时代，在这场浩浩荡荡的进化中，我认为有一件事是确定的：**AI 时代的底层能力，需要让人回归到人**。

感谢笛子邀请我合著《拥抱蓝海》这本书。在我眼里，生命本身是一片蓝海，有着太多未被抵达之处。探索生命的蓝海，就是经历一场内在的启蒙，它关乎意识的深度挖掘、个人成长蜕变的勇气、自我实现与自我超越，使生命更加健康、充实。

在这里，我想与大家分享四个关于我和我们的小故事，它们讲述了生命的交集、阵痛与喜悦。

手的故事

1979 年，我出生于上海。我的外公外婆是新中国第一代优秀的医务工作者。在医疗设备匮乏的年代，外公用一双柔软而神奇的手为无数病人诊病，他的仁心仁术挽救了许多生命。在家庭环境的熏陶下，我也有一颗“医者之心”。

小时候，当我身体不舒服时，爸爸会给我按摩，这大概是我对按摩的最初记忆。后来，我曾经专门学习过按摩，从大学社团的基础学习，到跟随世界级大师继续深造，从中医传统方法到现代疗愈技术，我都投入了极大的热情与努力。因为三岁开始学钢琴，我开玩笑说，我是用弹琴的手来按摩。

如今，每次回家探望父母，给爸妈按摩是我最重要的事。哪次没按摩，我就会觉得好像没有回来过。言语交流加上肢体的对话，爸妈更愿意安心让我多按一会儿。

身体某个部位不舒服，并不只是一个位置的问题，而是整体在这个位置的呈现。按摩时，也并不是哪里越疼就越用力，力度的把握十分微妙。用手感知触碰身体深处，触动身体的机关。柔和的力量往往能带来更深度地放松。

按摩的过程也是我静心和清理的过程，通过打嗝、排痰等方式，将身体不需要的东西自然排出。带着中正和觉察，让祝福的心意能够在这一刻化为掌心的温度和连接。在治愈他人的同时，我自己也被治愈。

在这个故事里，我想告诉你，身体有智慧。有人可能会担心因为感受敏锐而受伤，但你可知道，因为过度担忧而建立的心理防护，就像给身体套上了一层壳，可能屏蔽了身体的呼救，也恰恰因此忽略了真正的健康问题。如何保持敏感去体验鲜活的生命而不为这种敏感所伤，是可以通过练习做到的。

声音的故事

“亦凡老师的声音太好听了！温暖、专业、自然、不造作，毫无造作之感。”很多人说喜欢我的声音、笑容和松弛感。国家金话筒艺术家、中国作家协会作家称赞我的作品是“真正的艺术”，称我“把声音修炼到了极致”。

可是你知道吗，曾经的我容易紧张，不敢大声说话，声音也没有现在这么好听。

我 3 岁开始学钢琴，严寒酷暑从不间断练习。别的小伙伴在院子里嬉戏，我在练琴；别的小伙伴在学习，我还在练琴。我是第一批通过上海市钢琴十级考试的琴童，乐理连续 3 年都是满分。一直弹到钢琴十级，我才发现，别人靠脑子记谱，而我依靠身体记谱。曾经为与别人不同而苦恼，长大后才知道这是自己的天赋。

小时候，我对自己练琴要求严格，弹错了就是犯错，导致身体容易紧张。然而，自从十五年前开始个人成长的学习和实践，我发现自己对很多事情不再那么焦虑了，说话也更有底气了，但每当弹琴时，一旦弹错音，还是会不自觉要求自己一遍一遍练习，心态像是完成任务。

直到有一天，我一边弹琴，一边唱歌。我忽然发现，弹错音其实没关系。旋律仍然美妙，整体感没有因此而支离破碎。我抚摸着琴键，与之对话……不知何时，已经泪流满面。那天，我一口气弹了两个多小时，内心充盈着感动与感慨。我心里知道，内在空间打开了，声音的空间也就打开了，一切都流动起来。

后来，我还边练琴边直播，献给疫情期间不能相见的亲人朋友，享受着这种不熟练带来的奇妙探索。这些都是快乐而温暖的回忆。

成年后，我重新透过声音走出了个人转化之路，从科班学习的束缚走向生命力的绽放。我专门研究了人声疗愈、即兴人声等领域，将众多身心和艺术疗愈方法融入实践，研发了独家声音课程。

我和声音的不解之缘仍在继续。我曾经担任联合国“世界城市日”项目的表达性艺术疗愈工作坊导师，也曾在听完十多位高管和教练的演讲后，现场帮助他们改善发声方法、调整身体习惯和情绪。

在这个故事里，我想告诉你，松弛感和声音表达的本质都是由内而外的。声如其人，声音是有纹路的，是我们一路走来的生命印迹的一部分。当我们从自身出发探索与声音的关系，就是在探索我们与过去、当下以及未来的关系，探索我们的生命。

陪伴、告别和爱的故事

这是一堂历时三年、向死而生的人生课。

我曾经历过身心的低谷。2010 年，我成为临终关怀志愿者，每周去上海肿瘤医院的癌症末期病房服务，有机会面对死亡，深入思考生命的意义。后来，我又陪伴外婆度过百岁高龄的最后岁月。

面对自己的家人，我们可以做什么？答案是亲人的陪伴最重要。

外婆躺在监护病房的三个月里，我曾有过差点崩溃的瞬间，也曾在做出决定的一刻泪水决堤。我在心里默默地对外婆说："如果您就此离开，我会好好送您走；如果您留下，我会像现在一样好好照顾您。"

三个月后，外婆奇迹般地出院了，她的言语和笑容有如孩子般纯真，同时又充满智慧，她和我们聊自己的故事、心愿，还有身后事……

每次去看外婆，我都会为她按摩耳朵，还会悄悄拉一把她的耳垂。老话不是说耳垂长的人长寿吗？我还帮她拍照，逗她开心，为她录音。我们还把和外婆的对话和趣事记录下来，成为珍贵的日记。

百岁生日后，又过了半年，外婆离开了我们。妈妈说，最后日子的陪伴是外婆又给了她作为女儿尽孝的机会。

原来，爱可以超越生死。

而我深深体会到了信任和被信任，肢体上的接受和被接受，爱和被爱的力量，也亲眼看见生命可以如此通透。这些经历滋养了我，在工作当中给予我力量去支持他人。例如，2020 年新冠疫情暴发之初我第一时间开展公益讲座，也成为“安馨计划”心理支持热线端特邀培训顾问，协助咨询师团队 200 多人的专业工作。

这个故事想告诉你，在生命的有限里往往蕴藏着最深刻的领悟。当我们离开世界的时候，我们会如何看待自己？又有哪些心愿未了呢？

第一次的故事

我有很多的第一次，也很荣幸见证了很多人的第一次。

第一次告别熬夜看手机，十一点就安心入梦；

第一次理清事业规划和节奏，找到前行的力量；

第一次品尝到爸爸做的早餐，初三的女儿说虽然烧焦了但还是很开心；

第一次看到孩子早起晨跑，连续七天准时上学不迟到；

第一次让小狗接近自己，不再发抖尖叫；

第一次和父亲沟通顺畅，并得到家族成员的支持；

第一次不再对孩子吼叫，不再吼完又后悔不迭；

第一次面对镜头不紧张，自信清晰地表达自己；

第一次能够接受和感受爱人的关爱，不用一直当女强人。

就像我第一次发现，即使弹琴弹错了，也依然动听。

而这些故事的后续，更是令人欣喜：

全国行业头部公司的创始人找到了使命，布局未来 5—10 年公司发展和传承；

单品天猫销量第一的资深电商，从迷茫、彷徨到有信心、有干劲，启动全球化运营转型，工作量翻倍却身心更轻松；

十多年的老夫老妻，亲密关系仿佛重回初恋般美好；

陪伴孩子顺利升学，收到心仪学校的录取通知书；

数十年的原生家庭关系难题在不知不觉中化解了。

……

在这个故事里，我想与你分享的是，这些看似不起眼的、小小的第一次，对于每个人和每个家庭如此意味深长。在顿悟与渐修中，生命的品质得以不断提升。

一个人不能一直背着另一个人走，但可以陪伴，彼此照耀。在未来，我们希望可以助力更多的人，绽放生命的光彩。每个人的生命都是独一无二的，愿你活成自己喜欢的模样。愿你出走半生，归来仍是少年。

你好，我是亦凡。我是一名心理学博士，也是国家首批艺术疗愈师、二级心理咨询师、中国优生优育协会心身发展评估工作委员会委员和私董会教练。我汲取传统经典的精华，设计了生命探索九维模型，协助人们挖掘内在潜能，深入理解生命的智慧。我的工作让我体会学术的严谨与艺术的细腻，穿梭于东西方智慧之间，这种跨界的探索不仅拓展了我的视野，也加深了我对生命多样性的理解。

最近，我启动了一个项目，与尊重智慧传统、勇于迎接新时代挑战的伙伴一起，探索生命之旅。如果你也对此感兴趣，欢迎与我共同讨论与研究。

每个人的生命都是独一无二的，愿你活成自己喜欢的模样。愿你出走半生，归来仍是少年。

选择大于努力，向有结果的人学习

■ 蒋凯

TikTok 知识付费出海操盘手

深圳弯道超车俱乐部主理人

星辰潮玩社交式旅行主理人

打我记事起，妈妈就是全职家庭主妇，爸爸做油烟机生意，辛勤工作养家糊口。经过多年的努力，我们在南昌市城区买了房子。同时，爸爸在家附近开了店。然而，生活并非一帆风顺。那一天，我正下课骑单车回家，突然接到叔叔的电话，说家里出事了。我立马赶回家，一到家就被妈妈拉到一个从未去过的仓库里，爸爸也在那里，听他们聊天得知是在仓库里躲债。当时我对贷款一无所知，只知道爸爸欠了七千多元。于是，我向姑姑求助，她找朋友转了两万元救急，才化解了这场危机。随后，爸爸的车被银行没收，房子也被出售抵债。虽然基本还清了债，但仍有债主上门讨债。妈妈的焦虑情绪日益加剧，家庭矛盾不断爆发。房子卖掉后，我们搬到了爸爸认识的一个房东的小单身公寓。爸爸放弃了积累十多年的油烟机生意，转行至淘宝电商卖耳机线。经过不到两年的学习和积累，爸爸赶上了风口，赚到了钱。后来，我们搬进了新买的房子，他直接拿着十多万现金去买了辆别克 SUV。

回顾高中生涯，犹如自己在创业，大起大落。**正是这段经历，让我拥有了强大的内心，无论面对何种困难，都能坚持下来，最终取得成功**。

在大学时期，为了分担家庭的经济压力，我想方设法寻找挣钱的机会。首次挣钱的经历是参加学校的心理健康教育宣讲团，负责迎接新生，为期两天，包吃并且给予五百元补贴。虽然不多，但是让我非常有成就感。后来，为了赚更多的钱，我在暑假时找到一份便利店店员的工作。由于大学生的工作稳定性较低，因此很不受待见。我记得培训完三天后，有两天试体验上班，我连续熬夜，然后在众人面前被拒绝签订劳动合同。原因是我没有身份证复印件。当我向行政小姐姐借用打印机复印时，她看到我的学生证立马变了脸色。在尴尬的气氛中，我坚持要求签订合同。我厚着脸皮说："我可以做很久！"在我的坚持下，她还是让我签合同了。接下来的两个月，我拿着3000元的微薄收入，从事着早晚颠倒的重复性劳动。生理与心理的双重压力让我不堪重负，最终选择了离职。离职之后，我深刻认识到体力劳动带来的收益不能与脑力劳动相提并论。

后来，通过与童年好友的交流，我了解到潮鞋市场正在经历巨额增长，AJ和Yeezy的爆火让很多人赚得盆满钵满。我跟着他们接触到了球鞋。我记得第一次获得丰厚回报是在南昌红谷滩一家新开的阿迪达斯店，举行Yeezy350黑天使发售活动。我们先在滔博运动公众号上准时抢购排队资格码，抢到之后再到线下门店排队原价购买。然而，购买过程并不是一帆风顺，而是几经波澜。我和伙伴预感到竞争激烈，提前一天到达门店，发现已经有不少人在排队，甚至有人搭了帐篷准备通宵排队。我预感到会是一场硬仗，果不其然，随着排队人数增加，且没有专门人员看管，黄牛贩子趁机插队。夜里，位置比较靠后的人不满黄牛插队行为，与黄牛对峙起来，甚至有人拿起了砖头。最后，大家一起整顿队伍，一个个地查排队资格码，将没有资格的人踢出队伍。经过通宵排队，店铺终于开门。我和同行的伙伴如愿买到了球鞋，通过转卖，我成功赚到了2000元。和之前在便利店打工的收入相比，相差太大了。这也让我深刻认识到信息差在赚钱中的重要性。在排队过程中，很多旁观者都在看我们，却不知道其中的奥妙。

大学时光充足，这之后，我时常关注球鞋发售动向，积极参与各类球鞋发售活动。通过球鞋，我去了很多城市，如武汉、长沙、南京、上海、杭州、广州、温州、西安。我坐过绿皮火车站票、硬座、卧铺，也曾一天飞赴重庆和上海两座城市。在收入最高峰时，我一天就能赚一万元。随着时间的推移，我渐渐了解了很多 Nike 和 Air Jordan 等联名款球鞋背后的品牌故事。它成为我从大学时期发展至今的一门副业。

高考时，我英语考了一个比较有趣且相对较高的分数 123 分，我在大学时期还培养了对英语的浓厚兴趣。我主动观看美剧，报名校外英语口语班，练习英文演讲和情景剧表演。我还用自然母语习得法通过观看英文电影和英文电视剧练习口语。我顺利通过了四六级考试。凭借这些英语技能，我在校招实习时顺利面试上了深圳一家大型跨境电商公司的文案编辑岗。然而，由于当时薪资只有 5000 元，且该岗位的职业发展空间有限，在即将毕业的时候，我选择了辞职。

在顺利完成毕业论文答辩及拍完毕业照后，我决定到深圳寻找跨境电商行业的相关职位。尽管自认为有实习经验，且经过内推，但在面试某上市跨境电商公司的运营岗位时，由于岗位经验不匹配和面试经验不足，我最终没有面试成功。我没有因此而气馁，在发小的鼓励下，我得知他毕业后直接去往某知名的 IT 培训机构，计划脱产培训五个月。尽管我对 IT 行业一无所知，甚至有些瞧不起他的选择，但在与他的交流中，我也认识到这是提升自己的机会。在妈妈的鼓励和支持下，我报名参加了这个 IT 培训课程。报名费 2 万加上五个月的吃住费用，这对一个刚毕业的大学生来说是一个巨大的压力。在培训期间，我有过退缩和彷徨，很想早点学成出去赚钱，以分担家庭的压力。然而，我坚持下来了，并在课程结束后，顺利找到了一份与 IT 相关的工作。如今，这已经成为我持续稳定提供现金流的主业。

然而，在这之后，我没有停下学习的脚步，更加认识到选择大于努力以及信息差对赚钱的重要性，我付费进入各种社群，拓宽自己的圈子，获取各行各业的前沿消息。借此，我的微信加了较多年入百万元的创业者，有句话说得好，你微信朋友的平均收入就是你的收入，我认为我的脚步不应该止于此。

受制于原生家庭的认知，我们时常被拖慢了迈向财富的脚步，我周围的人喜欢打压，擅长敷衍，鼓励在不重要的东西上锲而不舍，却对真正的财富视而不见。从小到大，我的父母、亲戚、朋友、老师，每个会说话的人，都跟我讲赚钱很难，要知足常乐，小富即安。当你发现了一个商机时，他们可能会敷衍你说好好好；当你真的要做的时候，他们会说，赚钱哪有那么容易？真那么容易，别人怎么不做？轮得到你做？还是老老实实上班，考研考公，不要想这些。而每个有钱人，都在一无所有时就敢想，特别敢想，有时候看起来不太正常。敢于直面自己的欲望，对想要的东西保持贪婪，并且锲而不舍，是每个有钱人的特点。**如果将来想在财富上碾压周围的人，那么在人生的重大节点上，就不要参考他们的任何意见。听谁的话，最后就会活成谁的样子，所以和别人聊起赚钱的事情，我会坚定地说："未来，我会比现在有钱得多。"**

有一天，我看到一个创业者转发的朋友圈，了解了笛子老师在跨境领域的创业经历，深受鼓舞。在看到笛子老师发售私董会直播时输出的干货以及和 AI 头部博主朋克周老师的联动时，基于跨境电商的实习经验和对 AI 未来趋势的看好，我果断躬身入局，加入日不落出海联盟，打开了一个新世界。开营仪式上大家做自我介绍，让我认识了很多大咖以及志同道合的朋友。我感觉未来充满希望。战略上的勤奋远大于战术上的勤奋，方向正确就大胆拼命去干。跟有结果的人学习，做难而正确的事。

战略上的勤奋远大于战术上的勤奋，方向正确就大胆拼命去干。

一个农村音乐老师的创业之路

■ 陈芸礼

厦门小雨荷艺术培训中心创始人
中国民族管弦乐学会葫芦丝巴乌专业委员会会员
音乐老师

我是陈芸礼，我的主业是在福建沿海的一个小乡镇担任农村音乐老师，专业教授葫芦丝，同时还是一个业余流行歌手。副业是厦门一所艺术培训中心的创始人之一、张萌萌姐的创客，以及日不落集团笛子老师的私董。正是我的不安分，让我勇往直前，我觉得人生不设限，大胆追求自己的梦想。和有能量的人去联结，一次一次地调整自己的人生进度。

2002 年，我刚步入职场，成为一名农村学校的中专学历音乐老师。我很不满意自己的学历，于是从 2003 年开始备考，2004 年考上大专，2005 年继续备考，直到 2006 年考上全日制本科，得以继续深造。然而，由于父亲重病，我本科毕业后回到小镇继续我的教师生涯。因为我的课相对集中，有不少的业余时间。2011—2013 年，我定居厦门大学，开始了我的第二职业——钢琴老师和葫芦丝老师。2013 年，我和闺蜜创办了厦门小雨荷艺术中心，至今仍致力于此。因为我不安于只做一名乡村音乐老师，所以勇敢地开启了新的人生篇章。说实在的，创业是真辛苦，我需要放下老师的架子，在公园现场吹奏、地推，介绍我们的艺术中心。从公园到小区，一个学生一个学生的招募，每天和闺蜜互相鼓励、互相打气。培训中心初期，教室白天是教学场所，晚上我们俩就在那里打地铺，厨房白天做饭，做完饭就变成了一间琴房。这样的日子我们持续了两年，随着学生数量的增加，教室已经不够用了，我们找到了 500 平方米的写字楼，开启了新的征程。我那时的工作状态都是每天上完学校的课，立马赶回厦门。这么多年的创业历程，让我确实成长了很多。

创业的过程，也是一个挣扎的过程。在这个过程中，你更多地认识到自己的不足，知识储备匮乏，管理能力不到位等。我告诉自己不能停下来，因为停下来只能后退。在喜马拉雅频道，我认识了很多的高人，最后选择了两位老师，一个是吴晓波老师，一个是张萌萌姐。从吴老师的“每天听见吴晓波”到现在的“吴晓波频道”以及萌姐的“下班加油站”到现在的“青创”，我一路学习，不断提升自己的认知水平，夯实底层的逻辑思维，深化哲学素养，以及优化时间与精力的管理技巧。

人生不设限，做个终身学习者、创业者，成为我的人生信条。在每个年龄阶段遇到瓶颈时，我都学会去突破，一步步从小型创业项目中不断精进自己。我记得，曾经的我作息不规律，晚上过了 12 点还不睡觉，早上有可能 10 点还在赖床。然而，我慢慢调整自己的作息，目前比较稳定在 11 点睡觉，早上 5 点 30 分起床，也不需要闹钟就能自然醒来。这样的作息调整花了大约 1 年的时间。此外，我逐渐摒弃了过去无肉不欢的饮食习惯，选择轻食，体重也逐渐下降。以前我一看书就想打瞌睡，现在一个月可以看好几本书，心态和心境发生了翻天覆地的变化。**我深知，人的认知水平要想提高，听书和读书是最好的方式。只有不断学习，自己才能越来越好。**

旅游也是我学习和成长的一种方式。在中国 34 个行政省份中，我已经走过了半数。2023 年 7 月底至 8 月初的西藏行最让我印象深刻。我和两个朋友开着一辆吉普自由侠，带着简单的行囊就进藏。我们购买了红景天、基础药品和几瓶氧气。我差不多开了三分之一的路程，其中包括著名的怒江 72 拐。这段路程曲折险峻，令我双腿发抖。在拐弯处，视野受限，不禁让我心生恐惧。途中，我们目睹了一起交通事故，令人痛心。尽管如此，我们还是坚定地继续前行，因为心中的目标是布达拉宫。一路上，我们经历了诸多变故，原定计划都被打乱。7 月底的 318 线太堵了，我们转而选择走 317 线。途经成都、康定、色达，最后抵达藏北。这段旅程，除了美丽风景，我们也看到藏人生不设限，做个终身学习者、创业者，成为我的人生信条。

区不同地区的经济、建设和环境差异。我最难忘的是我们到达甘孜色达县，这边的旅馆基本都是藏族民宿，牦牛和奶膻味会比较浓，有小伙伴很不习惯这个味道，便提议在色达露营。那天白天，天气很不错，但我们没预料到晚上会下小雨。当小雨淅沥淅沥下了一个半小时后，我们的帐篷开始漏水，被子都湿了。我突然出现高反症状，大家不得不收拾行囊，继续前行。回顾这段旅程，我们的目的地是布达拉宫，然而一路所遇到的事情却成为我人生中宝贵的财富。我们增长了见识，克服了重重困难，挑战了驾驶极限，也学会了如何处理人际关系。我们顺利地抵达了目的地，将车上一部分零食分享给了藏区的小朋友，我们的爱车也很给力，没有给我们制造麻烦。经过神秘的唐古拉山，我们顺利抵达了拉萨。在文成公主大型剧中，我感动得泪流满面。这段旅程让我们深刻体会到了 1300 多年前文成公主徒步进藏的艰辛。西藏之行是我人生中宝贵的经历。

很多人好奇，为何我会选择学习葫芦丝。在读书的时候，我选修的是西洋乐器单簧管。在毕业之际，我意识到作为一个中国人，如果有机会出国交流，应该拥有一种属于自己国家的民族乐器。有一次在音像店，我偶然听到了葫芦丝的美妙音乐，便深深地被葫芦丝的柔美音色所吸引。而葫芦丝和单簧管的吹奏方式类似，我毫不犹豫地选择了它。20 年前我买了第一把葫芦丝，结缘至今，葫芦丝已经成为我生命中重要的合作伙伴。我很愿意分享葫芦丝的魅力，并且希望更多喜欢它的小伙伴能走进葫芦丝，了解并学习这一民族瑰宝。我希望通过知识付费的方式，让葫芦丝走向全世界。

2023 年 9 月，我认识了笛子老师，她的利他思维和本人亲自带团队的方式深深地吸引了我，让我果断成为她的私董。她本来就在商品出境项目上取得了巨大的成功，如今希望通过 TikTok 平台，让更多的国人找到财富的价值。知识付费就是其中的一个项目。通过 3 个月接触、线下大课以及每月一次的私董闭门会，让我们离商业领域更近。在 TikTok 出海最前沿的咨询、线下交流和认识有同样目标的小伙伴的过程中，我感到特别的幸福。**人都是逐渐地增长认知和见识，只有走出去，大胆地学习和交流，努力奋斗，就能离财富更近。我们要学会分辨怎样的人是真正能帮助我们成长的，而不是被恐惧束缚。**

人生不设限，虽然我是一名农村老师，但我的心始终为世界敞开，我来到这世界上是寻找真正的自己，不枉费来到这美丽世界。和笛子老师携手拥抱蓝海，虽然我们都在起步阶段，但这个过程将成为我们走向美好人生的最美回忆。很幸运，我站在伟大的中国领土上，通过互联网连接全球，去寻找我们的下一个巅峰。

致力于家庭关系咨询，活出真正的自我

■十一

女性成长平台 Gorgeous Lady 主理人
中科院注册心理咨询师
中国周易协会理事

我是十一，一名专注于家庭关系教育的心理咨询师。2023 年是我从事这个工作的第二年，经手的个人和家庭案例不多不少刚好 200 个。是的，你没看错，在这个看重经验和背书的行业中，我入行时间并不算长，但现在的我却感受到了一种前所未有的轻松与愉悦，每天能量满满，脸上的笑意是从心底荡漾出来的。

在此之前，我在互联网创业领域拼搏了将近 10 年，从电商运营到内容创作，再到新媒体知识付费，孵化个人 IP。这些经历让我接触到了不同行业里形形色色的人，其中不乏极具能力的大咖和杰出的企业老板。然而，一个令人深思的现象逐渐显现：尽管这些优秀的个人在专业领域取得了显著成就，但他们中的许多人并不真正感到快乐。我经常听到他们抱怨自己的孩子不听话、不争气、不上进，也经常听到他们埋怨另一半不懂自己。我发现他们的家庭关系，尤其是与孩子的关系，往往并不和谐。这种对比时常让我反思：为什么在事业上如此成功的人，仍然感受不到幸福和满足呢？

众所周知，互联网行业的高强度和高刺激的节奏，使得创业者们付出了巨大的代价。我逐渐失去了与家人，尤其是孩子共度日常时光的机会。工作的压力让我变得烦躁不安，与丈夫口角频发，孩子也开始迷恋游戏，青春期的叛逆表现经常让我猝不及防。更让人难以接受的是，我的母亲竟然患上了抑郁症，我想，这很大程度上是由于长期缺乏交流、陪伴和关怀导致的。

内疚和无力感让我情绪崩溃，不禁开始反思自己。我发现与事业获得成功相比，我其实更加在意的是家人的健康和孩子的成长。毕竟，有些东西错过就很难再弥补回来了。家庭，这个滋养我们的地方，就像一座房子的地基，一旦出了问题，所有的一切都会变得岌岌可危。这种认识让我开始重新审视我的生活和事业选择，我开始探索心理咨询和玛雅天赋，希望能找到更好的平衡点，帮助我和像我一样的家庭找到解决问题的方法。

持续系统的学习也让我明白了许多人缺乏幸福感的一些更深层次的原因。我发现，很多时候，即使是最成功的人也可能忽视了自己和家人的真正需求。而这种缺乏通常会导致沟通和处理问题的方式出现偏差，进而影响到家庭关系的和谐与个人内心的平静。如果我们能真正了解自己和家人，了解彼此的性格特质和需求，我们就可以更有效地沟通，更深入地接纳彼此，建立更加和谐的关系。一切便会呈现出向上的发展趋势。

这种认知激发了我深入学习心理咨询的热情。感恩这段波折的经历改变了我的人生观和事业路径，如今我已经能够放下对自己和他人的评判，全然地接纳每一个人的每一个阶段。**看着我的孩子阳光灿烂，母亲也可以酣然入睡，我无比庆幸自己的选择**。

在实践解读过程中，我发现单纯的天赋解读并不足以帮助人们充分发挥潜力。如果离开实际的运用，单纯聊天赋和优势，那将是毫无意义的。于是，我创建了“Gorgeous Lady”知识服务平台，将天赋解读与心理学知识相结合，融合积极心理学、行为心理学以及神经语言程序学（NLP）的理念。这个知识平台不仅能帮助人们认识到自己的天赋潜力，更重要的是，它还会指导人们学习如何将这些天赋转化为实际行动，突破自我局限，在生活和工作中发挥最大效用。

让我们来看个例子：一个孩子的主要天赋为“蓝猴”，“蓝猴”代表着幽默、顽皮和机敏。在了解到这一点后，家长或者老师就需要注意，尽量不用严肃、教条或刻板的方式来对待这个孩子，应尝试以轻松活泼的方式与孩子沟通，通常越“不正经”的方式越有效。这样，孩子会感到被理解和认可。

深入地了解、接纳和因材施教是家庭教育的核心理念。然而，当我们忽视这一点时，将会对孩子产生无法估量的影响。我曾经接触过这样一个案例：一个小男孩，在创造性思维、艺术表达以及动手能力方面极具天赋。但他的父母总是强调数理化学科的重要性，认为这些才是通往成功的必经之路。每当这个孩子试图分享他的画作或创意时，家人总是漫不经心，有时候还会嘲笑他的兴趣，觉得这是浪费时间。这种持续的不理解和冷漠导致家庭关系紧张，孩子和家人因观念差异频繁发生争吵。久而久之，这个孩子开始变得沉默寡言，他在学校的成绩开始下滑，逐渐失去了以往的活力和兴趣，甚至变得自闭，不愿与人交流。他感到自己被家人误解和孤立，这种感觉让他对未来失去了信心和希望。

同时，力的作用是相互的。父母对孩子的期望与孩子的实际表现不符，也会让家长有失落和挫败感。他们不明白为什么他们的教育方法没有产生预期的效果，为什么他们的孩子看起来既不快乐也不成功。他们开始质疑自己，对自己的教育方法感到遗憾、内疚和失败。当孩子出现心理问题时，家长们更加焦虑，不知所措。他们感到责任重大，却又不知道如何帮助孩子走出困境。长期的心理压力导致情绪不稳定，进一步加剧家庭关系的紧张。

可见，家庭教育缺乏对孩子个性和天赋的理解和尊重，会损害孩子的自尊心和自信心，这对双方都造成了不小的负面影响。

家庭生活中的亲密关系质量直接影响家庭成员的幸福感。亲密关系是家庭成员情感支持和个人成长的重要来源。当我们讨论亲密关系时，不仅要关注个体特点，更要重视理解、接纳和有效沟通的能力。

我曾经接触过一对夫妇，由于工作原因，丈夫经常晚归。当丈夫深夜回到家时，妻子半开玩笑地说："你还知道回来啊?"这句话激怒家庭生活中的亲密关系质量直接影响家庭成员的幸福感。亲密关系是家庭成员情感支持和个人成长的重要来源。

了丈夫，他反驳道：“我不是在外辛苦工作养家吗？回来还得听这些！”这种争吵看似源于疲惫和误解，但实际上反映了更深层次的沟通问题。

通过天赋解读和表达力课程，这对夫妇学会了更有效地识别和表达彼此的真实需求。妻子实际想表达对丈夫的关心和对更多陪伴的渴望，而丈夫需要的是妻子的理解和认可。于是，妻子学会了用更积极的方式表达自己的需求：“今天一定很累了吧，我明天给你做些你喜欢的菜，咱们一起早点吃晚餐，放松一下。”这样的表达既传达了关心，又让丈夫感受到被认可和理解，有效避免了冲突。

每个人都拥有独特的天赋和能力。当这些天赋在职业领域得到正确的发掘和应用时，不仅事业顺遂，还可以带来更深层次的满足感和成就感。

以“黄星星”的天赋为例。这类人通常自带闪耀特质，他们对美的感知极为敏锐，同时追求极致完美。这种特点使他们在处理细节上表现出格外的周到和精确，但也可能导致他们在开始任务前过分纠结于每一个小细节，从而拖延行动。然而，在特定的领域中，如艺术创作或需要精细打磨的工作，他们的天赋便能大放异彩。因为他们天生对美的敏感度和对细节的关注能力，使他们能够创作出卓越的作品，将拖延转化为对高质量和精细工作的承诺。

这个世界瞬息万变，唯一不变的可能就是我们与生俱来的天赋特质。**了解并发挥自己的天赋是实现个人潜能的关键，其实也是找到适合自己道路的捷径。**于我而言，利用过去多年新媒体内容运营的经验，结合对天赋潜力的理解，帮助大家更快速实现精准定位，这也是非常有意义的事情。这不仅关乎职业选择，更是一种生活方式的探索。

感谢每一位关注我故事的朋友。我深知每个人心中都有一座未被发掘的宝藏——那就是我们独一无二的天赋。我在这里，不仅是一个专业人士，更是一个温柔而坚定的伙伴，承诺帮助大家发现并珍视这份宝藏，携手面对所有未知的挑战。我期盼着你们能够找到真正热爱的事物，拥抱自己的独特，勇敢追梦。

在未来的日子里，我期待与你们在人生旅程中相遇，共同探索和成长。更祝愿我们每个人都能向内探索，发现更高版本的自己，绽放真正的自我，活出独一无二的精彩人生。

从湘西山城走出来的女性创业者

■ 禾懿

南京大学 MBA 女性俱乐部
南京同频女性创盈圈主理人
女性创始人 IP 规划陪跑专家
TikTok 海外知识付费操盘手

我是禾懿，一个从湘西山城走出的普通女孩。在过去的14年里，我从事贸易工作，攀上过职场高峰，也曾跌入人生低谷。然而，一路走来，我得到了很多人的支持和帮助。

历经起伏，我从未停止向前奔跑。我始终秉持着热爱生活、勇敢乐观的态度，继续前行。现在，我想与你分享我的成长故事。

从湘西山城走出来的勇敢独立的苗族女孩

我出生在一个位于湘西的小山城，是一个淳朴热情的苗族姑娘。作为家里的独生女，我的爸爸妈妈很注重培养我独立的性格。十岁时，我就会自己做饭，打理家务。

在邻居和亲戚朋友眼中，我是一个典型的“别人家的孩子”：成绩优异，品行端正。从小学到初中，我一直担任班长，成绩名列前茅，家族里的长辈都以我为荣。

我对自己要求很高，无论做什么，都要争取做到最好。同学们都称我为“考试达人”，因为在重要的考试中，我都能发挥得很好，应对自如。他们都很惊奇我是如何做到的，我也是长大后才明白，这是**因为小时候无忧无虑的成长环境和父母无条件的爱，让勇气和自信成为我生命的底色**。

选择决定命运，倔强执着的职场女“战士”

在大学时代，我选择了国际贸易专业。毕业的时候，导师推荐我进入一家事业单位，但是我想要做专业对口的工作，就自己投简历进入了一家私人外贸公司。第一年，我就拿到了我们同一批次员工里最高的年终奖金。

为了拓展更大的平台，第二年我进入了一家当地大型国有外贸公司，身边都是来自985、211等名校的毕业生，优秀的圈层让我斗志满满。

我拼命学习、工作，别人加班1小时，我则加班3小时；别人不愿意出差，我主动申请出差，出差完后回公司继续工作。在平安夜，别人都出去庆祝节日时，我在办公室加班到凌晨。

进入公司工作半年，由于表现出色，我的上司休产假期间，我承担了当时业务组内销客户的所有事项。得到了客户和公司的一致认可，我很快就被提拔了。

最忙的时候，一年中有半年我都在出差，去韩国首尔就如同回自己家一样。经常凌晨四五点起床，赶最早的一班飞机，一个人拎两个30寸的大行李箱。到达首尔后，稍微休整便外出考察市场，追寻流行趋势，直至深夜，第三天再拎着两大箱衣服回国。

那两年是外贸转内贸ODM的红利期，因为工作足够努力，我很快从业务助理升为业务经理。我开始独立承接业务，其中一个客户的年销售额从400万元增长到近5000万元，我仅用了两年时间。很快我就拿到了公司的股权激励和年度分红，并组建了自己的团队。

老天对我的特殊“关爱”，让我陷入人生低谷

做事就要做到最好的行为准则，让我获得事业的回报和高光的同时，也为身体埋下了隐患。

就在大家认为我事业顺风顺水、一路高歌的时候，我却遇到了我人生中的一道大坎。因为常年的奔波和压力，我的免疫系统全面崩

溃，医生说可能会影响到全身的器官。最严重的时候，即使在三伏天，我都感觉像是在冰窖里一样，走两步就要晕倒。

面对身体和心理的失控，我曾一度陷入抑郁。在人生的低谷中，我开始向内探索，寻求自我疗愈。我开始接触冥想、心理学，努力自我调整。同时，为了充实自己，我还备考了 MBA。

涅槃重生，真诚是我行走江湖唯一的武器

经过几个月的全身心准备，我考上了南京大学的 MBA。我慢慢拓宽了视野，看到了一个完全不一样的丰富多彩的世界，我的抑郁情绪得到了极大的缓解。

在读 MBA 期间，我创建了南京大学 MBA 女性俱乐部，聚集了一批精英女性，从事业、家庭和成长等各方面赋能女性全面发展。此外，我还协助创办了南京大学 MBA 读书会，与复旦大学、西安交通大学等高校 MBA 联合举办读书会活动，组织承办多场创业者活动，帮助身边的朋友开展商业项目。**在实战中，我不断完善和迭代自己的商业认知和思维**。

在这期间，我投资了两个项目，但由于缺乏完整的商业思维和路径，最终没有取得很好的结果。在这个过程中，我也经历了伤害、迷茫、无助、自我怀疑和自我否定。然而，正是这些商战的精彩和残酷，让我不断认知升级，变得更加平和而坚定。

从一名打工者到创业者、操盘手，每一次身份的转变都让我的思维和认知有了全面的升级和迭代。每一次经历都是人生的宝贵财富。我慢慢建立了自己的商业秩序、内心秩序，以及核心原则。我发现，真诚而有原则的人无论何时都能活出绽放的人生。而真诚，是我这么

正是这些商战的精彩和残酷，让我不断认知升级，变得更加平和而坚定。

多年行走江湖的唯一武器。

乘风破浪，重新出发

2022 年，我再次出发，成为一名真正意义上的创业者。作为项目发起者，我启动了自己的品牌出海业务，帮助传统外贸企业和传统互联网企业通过 TikTok 和其他跨境平台，实现产品和品牌的全球化拓展。同时，我还致力于孵化和培训个体创业者，在 TikTok 跨境领域和国内自媒体领域实现第二曲线增长。

短短几个月的时间里，我和团队共同努力，实现了业绩从 0 到上万美金的增长，孵化培训了几百个个体创业者，帮助十几家企业实现了海外业绩的显著增长。我们的成绩得到了政府部门和跨境园区的关注，我们受邀参加政府主办的跨境电商峰会，成为优质服务商，入选政府合作名单。

2023 年，随着团队的进一步扩大，我们为企业提供的出海服务更加精准和精细化。在孵化的 TikTok 跨境业务方面，最好的成绩是仅用 4 个月时间，实现了 GMV 突破千万。

同时，为了满足品牌客户的需求，2023 年下半年我们新增了国内商业 IP 高客单的咨询和陪跑服务。通过帮助创始人和品牌在公域引流到私域，我们制定了一系列详细的策略（包括如何运用几个创始人 IP 的微信号，每天在朋友圈发布什么内容，如何进行 1V1 私聊以及如何制定朋友圈促活等颗粒化极细的 SOP），让品牌能卖高价，并能持续保持高价销售，使品牌和创始人的私域客户愿意为我们复购十年。

令人欣喜的是，我们团队曾成功运营过一个估值过亿的女性社群项目，积累了丰富的社群＋私域高客单经验。因此，这套商业 IP 高客单的打法一经推出，便获得了 0 差评，并且在 3 个月的时间里，我们陪伴成长的 10 个项目中，有 8 个项目成功实现了闭环，并且实现了线上 GMV 的明显增长。其中，最好的成绩是实现了 GMV 同比增长 200％。我们可以保证，这套打法简单高效，只要有执行力，一定成效显著。此外，我们还将这套私域打法迭代升级，应用于我们出海客户的私域早期积累，助力海外跨境业务发展。

我们已将这套打法的完整 SOP 整理完毕，将近 8000 字的全套 SOP，只要加我微信，对上暗号，即可免费发给你。

因为自己经历过黑暗，就想为他人带来光明。我深知女性在职场和创业路上的不易与孤独，想通过自己的经历和感悟，给予她们一些帮助或者力量。于是，我与小伙伴们一起组建了创业女性的同频创盈圈，汇聚了全国各地的优秀创业女性，一手商业，一手修行，各美其美，美美与共。目前，我们在南京、杭州、深圳、青岛、郑州、广州等地都设立了同频创盈圈的会客厅，也欢迎大家联系我，共同参与。

作为一名创业者，我希望能够用自己的状态鼓舞更多的女性，突破舒适区，坚持寻找自己，成为更好的自己，并接纳自己。

人总是要经历一些苦难，才能触摸到生活的真相，就算真相不那么美好，生活还是值得热爱。我相信，栽下梧桐树，凤凰自然来。

人生应该拥抱变化，拥抱不确定性，在自己热爱的领域深耕，最终拥抱生命的美好和丰盛。

以下几类人可以联系我：

（1）拥有流量但不知如何实现高价值变现，或不擅长精细化私域运营的。

（2）拥有 5～50 人团队，有意开展流量生意的。

（3）在国内拥有产品，希望通过线上渠道提升销售额，并计划采用跨境电商模式拓展海外市场的。

（4）具备国内短视频平台内容生产能力，希望拓展至海外 TikTok 达人账号的。

（5）拥有一技之长（如健身、瑜伽、魔术、弹唱等），在国内 IP 市场竞争激烈，希望打造国际 IP，将课程推广至全球的。

（6）希望加入高质量女性创业圈子，提升眼界和格局，不断拓展人脉和资源的（如 C9 高校 EMBA、MBA、胡润百富榜、福布斯财富 U30 等）。

我是禾懿，愿与你在创业和成长的路上共同修行，一路同行。

拥抱蓝海

低成本打造外贸人才体系

■ 凌子（Coco）

“外贸圈的尖子生”公众号主理人

海外 B2B 大客户谈判成交实战顾问

从 0 到 1 外贸团队流程 SOP 专属定制顾问

你好，我是Coco，人称“外贸扎女Coco王”。个人业绩突破亿元大关，仅用三个月时间从零开始打造了一支千万级外贸B2B团队。

2007年，我从深圳职业学校计算机专业毕业。刚踏入社会，我不知道做什么，便到一家合资工厂担任前台，负责接电话和寄快递等工作。我很快意识到自己的职业生涯不能止步于此。

有一次，海外部同事找我帮忙打包样品发往美国。她教我如何打包以节约运费，还告诉我她是如何将工厂产品销往国外的。在她的讲解下，我觉得外贸这个行业充满趣味，就开始接触海外部，一有空就去帮她们打杂。

渐渐地，该部门大部分的同事都将样品交给我打包，也有同事在忙碌时让我帮他做PI，就这样度过了7个月。这期间，我学会了：

①开发客户的流程；

②客户回盘后的操作；

③制作各种出口单证；

④了解公司哪一款产品出样最多。

第8个月，经理把我从前台调往海外部担任助理。由于权限受限，我无法使用公司资源，便去网上自学如何在论坛上寻找客户。有一次，我在免费平台上看到一个西班牙客户发布采购MP3的需求，我就主动联系他。我的英文不好，就先输入中文然后用软件翻译成英文，再发给客户。写第9封推广信时，客户回复索取报价和样品。然而，公司没有这个产品类别。这时，曾经帮其他部门打杂时积攒的人脉起作用了，一个采购部同事愿意帮我向公司申请拓展此类别，且亲自协助寻找供应商。就这样，我拿下了人生中第一个百万订单。

这个订单让我转正为业务部销售，可以和其他销售一样享有公司资源。自此，我开始在外贸领域崭露头角，并完成了自己的第一个亿元业绩。

2016 年，得益于朋友的引荐，我认识了第一位投资人，获得近 100 万元的投资。那时，我感觉自己即将走向人生巅峰，迅速招聘了十几位员工，开启我的创业之旅。

当时我们用无摊位展会的方式成功开发了美国市场，第一个订单便收获了 3 个 20HQ 集装箱的货物。可没想到，由于我对供应链缺乏管控经验，货物出现质量问题，被客户取消订单，退款后还被客户拉黑。

在那之后，很长一段时间，没有找到新的客户，更糟糕的是团队中很多人是新手，指望他们出单不知要等到猴年马月。我又没有带人经验，每月支出像流水，让我不知所措。最终，团队解散。我发现创业没有这么简单。

在朋友的推荐下，我加入了一家公司的外贸部门担任经理。这时，我的思维开始从员工层面上升到管理层面，逐渐打造人才画像，建立培训体系，实施目标跟进、拆解、绩效管理以及形成供应链管控思维。

第二年，我带领团队从零开始，仅用 3 个月时间创造了 2000 多万的业绩，并摸索出一套可复制、可裂变的团队组建模式。

2020 年，我开设了公众号，分享管理经验。因为言语犀利、内容接地气且实操性很强，我迅速积累了第一批粉丝。

2021 年，赶上视频号直播风口，我已积累了 8000 精准粉丝。我联合其他导师打造了第一个知识付费产品，实现变现 100 万元。这才发现我的经验能够帮到这么多人。自此，我找到了事业的第二增长曲线。

在担任外贸教练期间，我接触了大量中小型企业主，发现他们在招聘人才方面普遍存在痛点：筛选过程耗时较长，成本高，经常要3—4个月才发现求职者是否适合公司，往往这时已耗费了大量的人力、物力和财力。

为什么会这样？与2C业务相比，2B业务的营销模式和盈利方式是有区别的。2C关注个体消费者，而2B的销售过程更加复杂，且涉及多方利益相关者，更加注重建立长期合作关系。与潜在客户建立信任并扩大业务规模，需要投入更多时间和资源。此外，2B岗位具有较高的复杂性，这个岗位除了需要具备国际贸易知识、跨文化沟通能力和谈判技巧等多方面的能力外，还需要一定的时间和经验积累。因此，很难在短时间内准确判断一个员工是否具备发展长期合作关系的能力和潜力。

因此，即使一个员工在面试过程中表现出色，也不能100%地保证其在实际工作中的表现。那有没有办法可以缩短筛选时间又能在培训阶段获得结果呢？

凭借多年一线销售和团队管理的实战经验，我总结出一套能够在一周之内筛选合适业务员的方案，从而节约用人成本。许多外贸2B中小企业当前面临的问题包括：**新生代求职者在找工作时普遍要求企业提供完善的培训体系；员工学会了就走，企业留不住人，导致企业沦为培训基地**。

针对这些问题，可尝试以下解决路径：

第一，筛选出适合公司要求的优秀业务员画像并制定有结果的培训计划。

第二，定制一份5天内的入职培训计划，大规模招聘人才。在短时间内只需筛选，不合适的求职者在第一周内就被淘汰。我们将采用实战中的培训方法，以战带训，增强培训效果。

时间	序号	培训内容	完成标准参考	完成后打钩
第一天	1	公司企业文化、愿景、规章制度、组织架构及行为规范	融入公司组织	□
	2	激励绩效制度解读、职业发展及晋升规划	清楚利益	□
	3	公司主打产品基础知识学习	选公司热卖产品向同事推销（至少3款）	□
第二天	4	产品生产工艺及流程	①说出产品的结构组成 ②说出3个以上材料的特点	□
	5	行业竞争对手/竞品分析	①把我司产品和竞品对标分析 ②总结出我司产品和竞品之间的2个区别	□
	6	公司英文介绍	①背诵公司简介（英文） ②可提交录音，由上级审核	□
第三天	7	①学习客户分层定义 ②开通公司平台账号（领英/阿里/环球，注册所需账号）	①说出不同等级客户的标准 ②将已有客户进行分类，为推广做准备 ③推广账号/邮箱	□

续表

时间	序号	培训内容	完成标准参考	完成后打钩
第四天	8	有客户分配： 按照产品写3封外贸开发信并一对一发送50—100封 没客户分配： ①按照教材找100个目标客户 ②将找到的客户录入Excel表中	①完成： a. 写开发信 b. 找100个客户 ②没完成： a. 计算发邮件或者找客户的时间 b. 制定第二天的任务，重新执行，直到完成	□
第五天	9	①有回复 a. 分析询盘 b. 熟悉客户，跟进流程 ②没回复 继续找客户和一对一发送邮件	①设定一个月的工作目标及内容 ②演练产品增加到10款	□
第六天	10	HR面谈，决定去留		□

第三，我们来探讨外贸B2B成交链的四大系统。

①获客系统：通过谷歌、SNS、展会、直播以及陌拜拜访等途径获取潜在客户。

②跟进系统：对客户进行分层管理，进行背景调查，持续跟进并激活潜在客户。

③成交系统：采用电话、视频、谈判和促单等手段，提高成

交率。

④复购系统：维护现有客户，激活老客户，促进复购。

通过系统标准化，使业务员能够轻松执行，目的是让悟性一般的员工能迅速上手。企业只需要考核和筛选员工即可，降低对人的依赖，降低工作难度。因为人都是流动的，人不是公司的资产，但是打造人才的系统却是，如任正非所说："人才不是华为的核心竞争力，对人才进行管理的能力才是华为的核心竞争力。"

未来，我要帮助中国中小型 B2B 企业以低成本打造高效的外贸人才体系，让每一分工资都能发挥出应有的效益。

因为人都是流动的，
人不是公司的资产，
但是打造人才的系统
却是。

拥抱蓝海

开发孩子的学习潜力，让优秀成为孩子的习惯

■ 沐恩（Moon）

“学霸星球”创始人

国家认证升学规划师

帮孩子一学期提分 50—300 分

你好，我是沐恩（Moon），本名李静兰。我是一位升学规划师、家庭教育规划师。我将一个被诊断为“智力低下”的孩子，在3年时间内培养成别人眼中的“牛娃”。

如果你身为父母，我的故事，一定值得你读一读。

春风得意马蹄疾

在30岁以前，我身上有许多标签：销售冠军、天才、年轻有为。然而，这一切都在我女儿降生那一刻发生了改变。

我出生在四川一个宁静美好的小城市——乐山。和学生时代的许多人一样，我憧憬着未来，向往着远离父母的生活，认为那才是天高任鸟飞，海阔凭鱼跃。

于是，在大学最后一年，我没有告诉父母，偷偷背起行囊去了深圳，并且很幸运地通过了阿里巴巴的层层面试。

在阿里巴巴，我凭借自己的努力，仅用一年时间，就月薪十万元，成了阿里巴巴中供铁军有史以来最年轻的销售冠军，入选百万俱乐部。当我的同班同学还在为实习单位奔波时，我已经买到了我人生中的第一辆车。

创业初尝甜头

离家遥远，父母为我担心，同时也为我骄傲。然而，仅仅两年后，初生牛犊不怕虎的我，又毅然决然地选择了从阿里巴巴辞职，一头扎进了创业大军。

我从城中村的一室一厅起步，带着两三只小猫，开始了我的新事业。创业的艰辛远超我的想象！每天仅能休息四五个小时，这是我生活的常态。

经过1年的努力，公司的销售额从0元做到了2000万元。我们公司的办公室也在1年之内换了3次，走上了扩张的快车道，很快开始涉足制造领域。

3年后，我们公司的年流水已经超过3个亿，成为行业里的头部企业。

在育儿道路上遇到难题

在顺风顺水地走过3年后，我也和男友结束了8年长跑，步入了婚姻殿堂。很快，我女儿就在四川出生了。

女儿4个月大时，作为新手妈妈的我开始频繁往返于深圳和成都，我的生活好像被分成了两个不同的圈子。在深圳，我是雷厉风行的老板；回到成都后，我成了一个孩子不太熟悉的妈妈。

这样的生活状态一直持续到孩子一岁半，我们发现孩子说话和走路都要晚于同龄小朋友。她走路时经常摔倒，哭闹不休。一开始，我并没放在心上，直到她越来越多地表现出比同龄孩子弱的迹象，我才意识到问题的严重性。

去过很多医院检查，医生的诊断结果和答复都大同小异：孩子可能有智力低下的风险，注意力难以集中，需药物治疗，一定要尽早干预。

这个结果犹如晴天霹雳！看着女儿可爱的模样，坚强如我也忍不住流泪了。创业的艰辛和困难从未打倒我，但是女儿的情况让我觉得天都要塌了。

仅仅一个星期，我的头发白了许多。我很快做了一个决定，正式退出公司核心管理层，放弃了我热爱的事业，彻底定居成都。我将重心放在了孩子身上，陪伴在她的身边。我清楚地认识到：任何事业的成功都无法弥补孩子养育的失败。

那一年，我 30 岁。我不再是李总，不再关心公司能否上市，也不再考虑女儿将来是上清华还是上北大，我只希望她能健康快乐地成长，成为一个正常的小朋友。

寻找解决办法

我自认骨子里是一个非常骄傲的人，为了有更多的时间陪孩子，我减少了工作量。**我坚信但凡是问题，就一定有解决的方案**！

没有想到带娃对我这个新手妈妈来说是一个巨大的挑战（以前一直都是孩子爸爸带娃）。这份工作没有岗位说明书，我还要“贴薪上岗”。当我和她独处的时候，我需要思考如何处理和“小祖宗”相处的问题以及如何接纳和应对她不稳定的情绪。

我无比渴望能解决这些问题，因此在闲暇之余，我开始翻阅大量的育儿书籍，涉及脑科学、心理学、神经学等领域。国内的、国外的著作，我来者不拒，这对我这样一个有轻微阅读障碍的人来说是件令人煎熬的事。

我通过各种公众号、朋友圈，成为最早的一批知识付费群体。每年我都花费大量的时间和金钱向各种有成果的人学习，然后不断总结和内化，将知识应用到自己的孩子身上。

对我人生的这个阶段，我称之为“付费阶段”！为知识、为答案、为解决办法而付费。

顺着人性养孩子

通过系统的学习，我翻阅了国内外大量的书籍，认识了许多优秀的学者。我恍然大悟，发现所有有用的方法都指向两个字：人性！

养育孩子最高效的方法是顺着人性养孩子！并且我很幸运地发现，顺着人性培养孩子，每个孩子都有可能成为学霸。人的智商可以通过正确的方法进行提升。那些学习的高手，所谓的智商超群的人，他们学习的核心方法大致相同。

我开始总结并继续深入学习，将脑科学、心理学、神经学、家庭教育规划等内容一一拆解吃透，总结出它们的共性逻辑。最终，我总结出了学霸力冰山图。

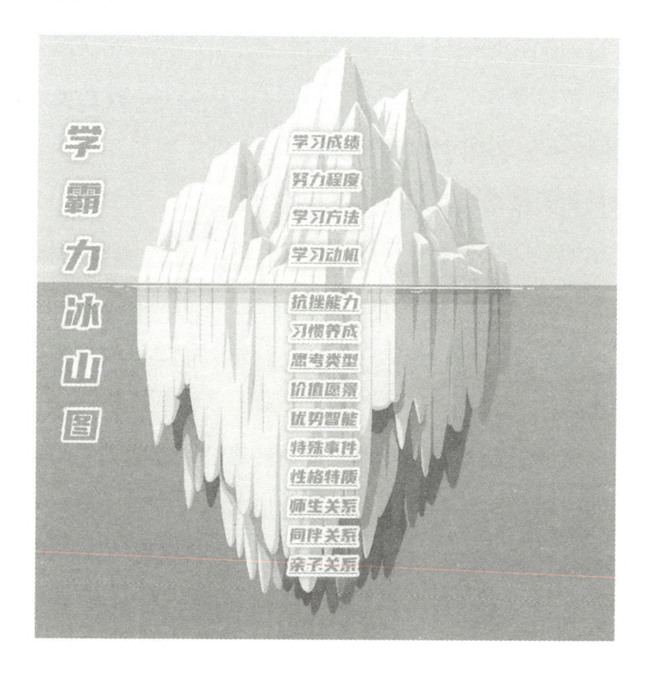

养育孩子最高效的方法是顺着人性养孩子！

越来越多的朋友通过我的方法取得了成功，我经常受到邀请进校园和同学们分享学习方法。同时，通过学习，我也发现了孩子的真实问题——感统失调。我们陪着她从每日的散步开始，逐步增加跑步、骑车、游泳等运动，还进行按摩等感统训练。我们以极大的耐心，不停地鼓励、陪伴她，她的状况也在一点一点地好转，渐渐和一般小朋友无异。

在解决了孩子的发育问题后，我骨子里的骄傲不断提醒我：完全能把孩子培养成学霸！我的孩子，像大多数孩子一样，也有一些常见的问题：注意力不集中、做事情拖拉、精力旺盛坐不住、对感兴趣的事情只有短暂的热情……我开始按照自己所学的知识，为她量身定制了一套学霸养成计划。所有的计划都遵从一个底层逻辑：顺着人性养孩子！

如果说其他老师教的是技巧，那我教给女儿的，应该是一套学习系统。因为我坚信一句话：所有的快乐教育背后，本质上都是父母的精心策划！

借助这套系统，她迅速就从他律变成了自律，很快便能自主学习。对于所有想学习的内容，她都能运用 PDCA 循环进行高效学习。

运用这套学习系统，她很快构建了一套适合自己的学习方式。在她 5 岁的时候，就已经通过 KET 考试。并且，她还很轻松地拿到了希望之星英语大赛（四川省）特等奖。在此基础上，她用相同的学习系统，又开始自学日语、奥数等，并且学得都很不错。

她从一开始的“智力低下”，逐渐成为很多朋友眼里的“牛娃”。如今，她的脸上洋溢着自信和快乐！

对我人生的这个阶段，我称之为“感动”阶段！

因此，**教育的本质并非填满容器，而是将孩子内心的那团火点**

燃！如何才能点燃孩子内心的那团火呢？

题海战术收效甚微

自主学习不仅是为了释放孩子的潜力，更是为了减轻家长的负担，最终实现家长轻松、孩子快乐的目标。

我看到过太多的孩子，每天早上6点多起床，晚上9点多放学，回家后还要写作业到深夜12点！最让我痛心的是，即便孩子牺牲了所有玩耍时间，让试卷和习题填满了整个童年，但依然离自己理想的成绩相差甚远！

“你看他每天写作业到12点，有什么用，假认真！”

“他和我小时候一样，都不是读书的料，唉！”

“我们这算什么努力？李老师你不知道他们班上前几名的孩子，人家那才叫……”

类似这样的话在我这几年咨询和陪跑的过程中听过太多了，家长当着孩子的面肆无忌惮地抱怨，丝毫没顾及一旁的孩子低着头，脸上满是委屈和难过。

大量实战经验让我深知：孩子需要的不是疯狂刷题、盲目努力，或是参加不完的补习班。

每个孩子的学习路径都值得重新审视，找出最优解。我很想帮助更多的孩子摆脱困境，就像我对待自己的孩子那样！

我相信每一位父母都和我一样，希望自己的孩子能好好学习，长大后拥有更多选择的权利，过上幸福的生活。然而，许多父母在育儿过程中难免会陷入一些误区，尤其是在心态方面，普遍存在以下问题。

（1）认为自己文化程度不高，对育儿缺乏信心。

（2）认为学霸是天生的，从内心否定自己的孩子。

（3）花了大量的时间、精力和金钱让孩子参加补习班和刷题，却不愿意花点时间系统学习如何培养孩子。

（4）给自己和孩子太大的压力，最终导致孩子越学越差，厌学甚至亲子关系破裂。

孩子们不快乐，他们的努力不被理解。他们不知道正确的学习方法，只能机械地一头扎进题海，他们不知道这样的努力有没有用，他们只知道老师和家长希望看到他们这样做。

高效学习，纵情玩耍

同样，我也见过许多学霸孩子。让我惊讶的是，并不是所有的学霸孩子都天赋异禀，但是，他们有几个共同之处。

（1）他们能高效地完成学习任务。

（2）有充足的时间发展自己的兴趣爱好，因此他们在成绩优异的同时，其他方面也做得很不错。

总结下来就是，他们都有很强的内驱力、学习能力和规划能力。毫无疑问，大家都希望自己的孩子能成为这样的人。

那有没有可能把真学霸的这些优点复制到假学渣身上呢？答案是肯定的！

我在女儿身上实践，并不断学习、总结和调整，研究各种培养孩子的底层逻辑和方法。在三年多的时间里，我深度陪伴了近 100 组家庭，目标达成率接近 95%，接受了 1000 多次育儿咨询。

这一切都说明我的方法是有效的！

在这些家庭中，有极度厌学的孩子，有拒绝沟通的孩子，甚至有动辄以生命安全来威胁的孩子。很多父母找到我的时候，都是抱着"死马当活马医"的心态。

我印象最深刻的一位爸爸，是一个物流公司的老板。他对我说："我和我老婆数学都不行，觉得儿子遗传了我们，所以他的数学肯定不会好。我们花了很多钱在补习数学上，完全没效果!"因此，当孩子妈妈瞒着他交了咨询费后，他和孩子妈妈大吵了一架，觉得孩子妈妈浪费钱。3 个月后，这个正在读初二的孩子的数学成绩从 42 分提高到了 112 分（满分 120），整整提高了 70 分！看到孩子肉眼可见的变化后，孩子爸爸从最开始的抵触变为最后的强烈认同。为了表达感谢，孩子爸爸从千里之外给我寄了锦旗。

在我这些年帮助的孩子里，有的从成绩一般提升到考进世界名校；有的高中生常年被英语拖后腿，在两年时间里英语成绩突飞猛进，英语成为自己的强势科目。孩子们的喜悦泪水和家长们的真挚感谢，让我更明白自己的人生价值。

我应该，也必须将这套整理归纳的方法分享给更多人，让家庭关系更和谐，孩子学习更轻松、快乐！

用一句话总结：高效学习，纵情玩耍！对的，你没有听错，孩子成为真正的学霸后，他是会有很多玩耍时间的，你也不用再担心他承受过大的压力，导致身心不健康。

如果你的孩子也有类似的困惑，排斥学习、学习主动性很差且压力很大，那么请不要犹豫，一定要尽早采取温和的干预措施。欢迎大家和我沟通交流，我能帮你规避育儿过程中的诸多陷阱，缓解你在育儿上的焦虑，提高孩子的学习效率，让孩子学会自主学习。

绝大部分人都是因为看见才相信，但他们不知道，只有相信，才能看见。相信“相信”的力量，勇敢地向前迈出一大步，才能看到山顶的风光。与其让孩子在日复一日的无效内卷中消磨时光，不妨换条路：纵情玩耍，高效学习，我们要快乐，拒绝平庸！

让我来告诉你如何开发孩子的学习潜力，让优秀成为孩子的习惯！

中国企业从内卷走向引领世界

■ 雷神

“上海大咖荟”创始人及 CEO

流量型企业增长教练

帮助 52 家企业实现年销售额增长超过 2000 万元

我是严磊，花名雷神。自 2006 年起，我开始在淘宝创业，走上了自己的电商之路。随着时间的推移，我于 2018 年进入电商培训行业，并逐渐转型做抖音短视频业务。在此过程中，我涉足跨境业务，并成功帮助 30 多家企业实现了年销售额上千万元的增长。2022 年，我布局 TikTok 业务板块，进一步帮助 10 多家企业拓展海外市场。

然而，2023 年的消费市场再度显现疲软态势，许多企业又一次陷入严重内卷：传统电商平台和渠道同行竞品相互模仿，价格战愈演愈烈，利润变得微薄；人力、场地、材料等成本逐年上升；访客流量减少，导致推广成本上升，企业陷入营销战的困境。面对这种情况，我一直在思考如何在恶劣的大环境中寻求突破。**经过深入研究和探索，我认为产业融合、顺势借力、破局出海是解决内卷问题的关键**。

下面，我想与大家分享三个真实的创业故事，希望能为大家带来启示。

第一个故事是关于深圳一家做假发的企业。这家企业有着十多年的历史，以生产黑色大波浪假发起家。但在 2018 年，国内竞争加剧，其净利润率只有 3%。在 2020 年，这家企业的老板找到我，我们进行了大量的市场分析，最终决定转向美国市场，特别是黑人聚居的城市。通过阿里巴巴国际站，这家企业开拓了美国业务，并在几年内布局了多个海外渠道，包括 eBay、Instagram 和独立站等。最高峰时，年销售额超过1.2亿元。如今，他们正在布局 TikTok 渠道。

第二个故事讲述的是一家在 2020 年找到我的母婴玩具天猫店。受疫情影响，该店月销售额从 700 万元降至不足 400 万元，并且营销推广费用不断增长，导致持续亏损。然而，在我的指导下，在两年多的时间里，他们的年销售额达到 3.5 亿元。他们首先在抖音、小红书渠道找到了第二增长曲线，利用达人带货、红人种草提升品牌知名度，再通过店铺直播实现了业绩翻倍增长。随后，用同样的方法复制到 TikTok 平台，在新、马、泰、越实现了爆发式增长，成为区域的头部品牌。

第三个故事讲述的是一家在 2022 年找到我的智能水电表公司。他们的业务非常传统，零售端无法形成规模销售，只能依赖大的工程方才能有稳定的订单。然而，在抖音短视频渠道，他们成功开拓市场。第一年抖音销售额就增长了 3000 万元，第二年进军 TikTok 墨西哥、加拿大市场，拿到了大量的订单，不到一年，销售额就突破了 2000 万元。

通过这三个故事，我们认识到单纯依靠价格战和营销战是无法实现长期增长的，企业需要转向产业融合、拓展海外市场和寻找新的增长点，同时，结构优化远比运营努力更重要。

不论你是线下企业，还是天猫等综合电商企业，不妨试试这套模型，或许能为你带来突破。**在全球化日益深入的时代，只有不断创新和拓展，才能立于不败之地**。希望我的分享能给你带来启发和帮助，让我们一起走向更广阔的未来。

企业需要转向产业融合、拓展海外市场和寻找新的增长点，同时，结构优化远比运营努力更重要。

在新营销时代，打造稳健而成功的品牌

■ 裘欣

毕业于英国莱斯特大学市场营销学

资深品牌营销人

国家 IP 操盘手

我是裘欣，拥有超过十年的品牌运营经验，曾服务过联合利华的奥妙与金纺、资生堂、体育网球品牌邓禄普、京师涉外律所等知名品牌，是一位充满活力、经验丰富的女性。在日常工作中，我感性与理性兼具，平时会通过摄影收集眼中看到的美好，将这些内容融入营销素材，为品牌增添独特魅力。

我的父亲是一名警察，母亲是一位护士，他们工作忙碌，所以爷爷奶奶负责照顾我。从小，我的日程被安排得满满当当，参加各种补习课，如电子琴、跳舞和绘画等。然而，我只对英语产生了独特的兴趣，早早获得了英国剑桥大学的多个英语考级证书。这使我对英国这个国度充满好奇，也为后来踏上留英之旅奠定了基础。

初生牛犊不怕虎，求新求变

在我成长的过程中，个人追求和家人期望之间曾出现分歧。家人期望我像他们一样从事传统职业，如律师或者医生。在上海政法学院学习期间，我在律所实习，跟着律师上庭。然而，大学期间的管理类课程和参与英语社团的经历彻底改变了我的职业意愿，也激发了我对市场营销的兴趣。在英语社团担任外联部部长时，我发现自己在组织和策划活动方面天赋出众，并且取得了一些成就，如在招商新东方品牌的过程中，我成功举办了 500 多人的英语活动。这次经历让我认识到自己在市场营销领域的潜力，并为我的职业生涯奠定了基础。

怀揣热爱、天赋和对未知世界的渴望，我决定转行进入市场营销行业。虽然这一决定对于保守的父母而言并不容易接受，但他们最终还是为我的职业发展提供了支持。我选择了具有巨大发展潜力的快速消费品行业，这里拥有许多成功品牌和企业。在服务这些知名企业的过程中，我受益匪浅。

成熟品牌的权责分明，学会从战略看营销应变策略

在为联合利华等成熟品牌提供服务的过程中，我积累了丰富的品牌管理和市场营销经验。这些大品牌的营销系统很完善，对品牌和消费者的态度非常认真。他们注重品牌形象的塑造和维护，通过市场调研和消费者洞察了解消费者需求，并根据需求进行产品创新和品牌定位调整。**他们在品牌传播方面投入了大量资源，通过广告、公关、社交媒体等渠道提升品牌知名度和认可度。他们注重与消费者的互动和沟通，建立了稳定的品牌信任度和忠诚度。**

他们将品牌市场营销工作交给这几个部门：渠道销售部、电商部、公关媒介部、产品研发部、数字营销部等，各个部门权责明确，紧密协作。以我曾经服务过的渠道营销部门为例，销售人员（如促销员）通过 PDA 每日提报的门店销售数据，可看到全国各门店（如上海曲阳家乐福店）的销售情况。对于异常销售数据，他们会及时处理，并进行战略调整。通过采集这些销售数据和不同类目产品的活动方案试错，可以更深入地了解消费者的需求，及时调整产品上架策略与活动促销力度。

除了销售能力强，成熟品牌应对危机也是一把好手。我之前服务联合利华的奥妙、金纺品牌时，曾出现过荧光剂等影响品牌口碑的危机事件。然而，联合利华立即作出回应，公布产品研发试验数据，向消费者科普产品卖点，反获好评和口碑。

成熟品牌在市场上享有较高的知名度和认可度，但也面临市场竞争压力和品牌维护挑战。为保持竞争力和消费者关注，成熟品牌需要不断创新，适应市场变化。

海外留学之旅让理论与实践融合

为了学习市场营销知识，我决定前往英国留学，并深入学习市场营销理论与实践。除了学习，我还积极参与公益活动，参观不同类型的企业，探讨全球跨国文化的差异。十多年的市场工作经验和留学经历让我练就了活动策划、客户沟通、数据分析、内容营销等各种技能，为服务好新锐品牌夯实了基础。

回国后，我选择为初创品牌提供落地实践服务。通过帮初创小品牌解除面临的困境与把握机遇，我的营销策略更具实战性和接地气。在初创企业品牌营销的过程中，我也曾面临许多痛点和挑战，包括资源匮乏、市场竞争激烈、品牌认知度低以及渠道选择等。以下是我为初创企业解决品牌营销痛点的一些见解。

1. **资源有限**：既想要稳定的现金流，又想要足够的品牌曝光度，该如何取舍呢？

2. **同质化竞争**：如何找到适合品牌发展的精准定位？

3. **消费者品牌信赖度低**：初创企业的品牌在市场上可能缺乏知名度和认可度，如何树立品牌口碑，吸引目标消费者的关注？

4. **渠道选择**：如何挑选适合初创企业的营销渠道？初创企业需要仔细考虑目标受众可接受的预算范围，并选择适合其品牌的渠道进行推广和宣传。

尽管初创小品牌在市场上可能缺乏知名度和资源，但它们也有其独特的机遇。

尽管初创小品牌在市场上可能缺乏知名度和资源，但它们也有其独特的机遇。通过创新产品的开发、讲述独特的品牌故事或跨界合作，可以吸引目标消费者的目光，并培养其忠诚度。

接下来就是我之前服务过的一个艺术机构团队，**我们通过创新的艺考和素质教育模式，让艺术教育变得生动有趣，打造了独特的 M50 艺术氛围**。

为了在众多大品牌和教育机构中脱颖而出，势必不能只拼价格，更要**找准艺术领域的垂直细分定位**。鉴于这个艺术机构的团队成员均来自国内外知名美术院校，我们成功突破了两个关键点。

单点需求突破：设计艺考辅导课程及作品集

我通过分析大众点评等销售渠道的客户，发现潜在的艺考培训需求。于是，我们协助老师们研发出一系列与考证相关的课程及作品集。例如，在书法领域，中小学生在五年级都有常规等级考试，我们邀请纽约大学等知名科班书法老师亲自教授学习方法，帮助学生在打好基础的同时，还能顺利应对艺考等相关等级考试。其他如绘画、摄影等专业也都需要出作品集，专业老师的指点使学生如虎添翼，助力品牌从 0 到 1 实现飞跃。

开展丰富的素质教育活动，让艺术变得生动有趣

我们深知绘画、书法等艺术领域非常需要创意。例如，我们会在万圣节通过画南瓜讲述草间弥生的艺术美学，让孩子在发挥创意的同时，了解大师作品及创作理念。我们还组织参观 teamlab 灯光秀、上海博物馆等，让孩子们置身艺术氛围中；我们甚至还会让孩子自己动

手承办绘画等作品展，让他们从小就有版权意识，尊重自己和他人的作品；我们举办感恩节公益活动，让学员自己设计证书，将义卖所得捐给公益组织，培养他们的社会责任感等。作为活动策划和渠道开拓者，我在这个过程中不断提升自己的沟通能力和想象力，同时深受艺术熏陶。

这些艺术机构则成为艺术教培领域的一股清流，它们以敏捷和灵活的营销策略适应市场和消费者需求的变化。通过与消费者的一次次互动，它们不断改进产品和完善品牌形象，从而赢得信任和良好口碑。尽管面临资源有限和市场竞争激烈的挑战，但这些机构在有限的预算和人力资源条件下，仍能制定出切实可行的品牌营销策略，从而在激烈的市场竞争中脱颖而出。

在过去的十多年里，我有幸参与了各种品牌的建设，从成熟的大品牌如联合利华，到初创的小品牌。这段经历让我深刻地认识到品牌建设的重要性，以及品牌建设中所面临的各种挑战和机遇。如今，仅依靠销售已无法确保品牌的长期生存。在我眼中，新生代品牌的发展趋势是结合创新产品和跨界思维，以解决消费者实际问题为导向的。我坚信，情怀虽不能当饭吃，但在品牌建设中起着重要作用。**品牌不仅仅是高销量的象征，更重要的是与消费者产生情感共鸣，占据他们的内心。**

超级个体时代来临，新一代创始人敢闯敢拼

在打造创始人品牌的过程中，我发现了新一代创始人身上的许多共同特质：高度的认知、深厚的情怀和自我使命、敢于试错，并愿意

尝试各种新时代工具（如拍摄短视频和直播）来展示自己。在策划珠峰队长苏拉王平大事件出道直播活动中，他的一段话深深感染了我。他说，与他一同攀登高峰的伙伴们，抱着只许成功不能失败的信念，他承载着他们的梦想和生命。正因为他们的坚持，才有了纪录片电影《珠峰队长》的成功问世，这部电影记录了他们经历的种种磨难，只有他们才知道其中的滋味。“十年磨一剑，厚积才能薄发”，这句话其实也印证了我们的人生。在营销策划的服务过程中，我也在不断学习，汲取营养。我要学习不同创始人身上的品质，如坚持等，以期在未来的工作中更好地提供服务。

从一方独霸到百花齐放，新营销时代已经来临

我擅长品牌战略规划和市场定位，致力于以精细化方式与消费者互动。同时，我深知初创型企业面临的痛点和挑战，努力为他们提供帮助和支持，帮助他们快速而稳健地发展。在为新创始人品牌提供商业定位和营销内容矩阵方面，我积累了丰富的经验和灵感：如为企业寻找商业定位、创作 IP 故事、搭建营销团队等。我倡导通过最小测试尽快找到适合自己的赛道，同时在营销渠道中进行矩阵规划。了解目前的商业环境，判断产品在市场中的接受程度，收集消费者反馈，以便调整策略。同时，审视现有的营销渠道是否过时，是否需要迭代？品牌是否有足够资金出海，打造全球影响力？在微信等平台如何深入挖掘消费者需求？

新时代的营销环境已经成熟，不论是线上电商平台如抖音、小红书，强调体验感受的线下场地，还是国货出海的“一带一路”等政策

扶持，都为中国品牌提供了前所未有的发展机遇。在这个充满自信的社会环境下，熬过蛰伏期的新品牌必会迎来曙光。

如果你也希望打造自己独具特色的品牌，实现精彩人生，欢迎与我携手合作！让我们共同努力，打造稳健而成功的品牌，在这个新时代绽放人生光彩！

一个世界前三强室内设计公司出来的设计师，怎么跑去卖洗发水了？

■ 雅惠

东芳赋洗护品牌创始人

惠翔国际中国、东南亚区主理人

中国毛发协会成员

四年前，我在新加坡，顶着美国设计学院毕业生的光环，进入了世界排名前三的室内设计公司——HBA。当时，我手头上的项目接二连三，四季酒店、希尔顿、丽思卡尔顿等顶级酒店的设计工作让我忙碌不已。泡在一堆布料和大理石材料里，我一心想着如何为这些豪华酒店创造令人惊艳的设计。

那是一个炎热的下午，新加坡的潮湿气候让呼吸都带着水汽。我蹬着高跟鞋，哒哒哒地踩在木制地板上，设计师的自信让我神采飞扬。我看着走在我前面的同事，他踩着拖鞋，因为长期伏案画图和选材料而揉着肩膀。我不由直了直腰，心里想着：那么多让人赞叹设计精妙的酒店、举办婚礼的殿堂，以及奢华的总统套房，都是我们辛勤付出的结晶。但在这众多心血之中，有多少会被人知晓或者铭记？我想成为一个能被人记住的人。

现在，很多人会用自信、大方等正面词汇来形容我。我喜欢学习，毕竟作为设计师，大部分时间是沉浸在自我的世界中，对外界认知具有很大的局限性。**我知道自己的短板，就要不断拓展认知**。尽管个人积蓄有限，但我认为踏入社会后，应独立承担生活费用，于是忍住对名牌包的喜爱，将有限的资金投入学习中。我每次都积极发言，主动冲到舞台上，无论回答得对不对，我都敢于挑战，冲就有机会，让很多人愿意主动与我联系。

然而，以前的我并不是这样的。父母在我刚出生不久就分开了，我儿时的大部分记忆都是自己独自上学、回家，路边买点垃圾食品果腹。小时候的我不懂健康和营养均衡，导致自己越来越胖。我现在翻开以前的毕业同学录，好多留言都和“猪”“肥”有关。记忆最深刻的一幕是，我上小学时在国外度过了一年时光，因受到种族歧视而格外想念国内的生活。然而回国后，因为课程进度跟不上，遭到同学们的嘲笑。即使在体育课上，我鼓起勇气找小伙伴一起玩，得到的回应竟然是“你哭一下就带你一起玩”。我那天下午一个人坐在升旗台下，一直呆坐到放学。没有家长的家长会，越来越重的体重，同学们的嘲笑，让我倍感自卑。然而，人总需要一个契机觉醒，情窦初开的年纪，我也想得到心仪之人的关注。这些打击、数落的话语，让我生出一种不屈的精神，为何我不能成为优秀的人？直到某天，我实现了自己的目标，也远远超越了曾经崇拜的那个人。**我知道，只要我决定去做，就一定会实现自己的梦想**。

我的父亲是一名专注于毛发生长领域的研究者，他利用生长因子技术帮助脱发者实现毛发再生。他也是一位专业的营养师。父亲的祖籍在韩国，技术和研发基地都在韩国，不得不说韩国人对皮肤和头皮管理非常重视。父亲在中国土生土长，对中华大地十分热爱，在韩国从事毛发技术研究十几年后，就想着将这项技术带回中国，让真正有效的技术和产品为更多人所用。毕竟，中国脱发人群太庞大了，而相关认知相对匮乏。带着美好的愿景回到中国后，父亲发现各种“祖传秘方”盛行，许多人因此上当受骗。他气得直摇头，有时忍不住与对方理论。我一直以来非常尊重他对技术、质量和产品的严谨态度，然而，在产品思维和用户思维方面，我们之间存在着巨大的差异。

由于新加坡全年潮湿又炎热，我总觉得头皮湿漉漉的，不清爽。每次洗头，一看到地漏处的头发，我真觉得自己的三千烦恼丝掉得差不多了，心情顿时变得忧伤。我倒希望“烦恼”能留住，别再继续掉了，我那时是真为自己的美貌担忧。2019 年底，我回国看望父亲，并陪同他参加了一次美发连锁机构的培训。这次经历开启了我加深头皮毛发健康认知的大门。我看到父亲在台上演讲、教学，内心生出一种澎湃之情。我觉得，如果不将这项技术发扬光大，简直是浪费资源。

回到新加坡后，我总在思考我未来的人生方向，是过一眼望得到头的生活，还是挑战不同经历，体验丰富多彩的人生，并为自己的使命和愿景而奋斗？2020年，我带着想把头皮毛发健康事业发扬光大的决心，丢下国外的光环，放弃了在国外舒适的生活，踏上了回国创业的道路。

先来普及一下基本的头皮、头发健康知识。头皮实际上是脸部肌肤的延伸，所以头皮和脸皮密不可分。一个漂亮、年轻、健康的外观与健康的头皮息息相关。当头皮健康、紧致、有弹性时，它会拉起你的脸部皮肤，从而起到抗衰老的作用。可以说，保持头皮健康就是在进行自然拉皮。健康的头皮不仅意味着拥有茂密、有质感的头发，还能抗衰。现在大家最关心的就是脱发问题，因为它影响了外观，甚至在找对象时容易受到鄙视，还会对职业生涯产生负面影响。那么造成脱发的主要原因是什么呢？是压力大，还是洗发太频繁？很多人比你承受着更大的压力，人家咋就不秃呢？最常见的脱发原因是遗传性脱发，也称为雄性脱发（雄秃）。具有家族遗传的人通常体内的5α-还原酶活性较高，与雄激素相结合产生了二氢睾酮（我们称为DHT），从而损害毛囊。这种脱发并非随意攻击毛囊，而是有针对性地攻击头部毛囊。当然，女性也有雄秃，因为每个人的体内都有雄性激素与5α-还原酶。不过女性通常从头顶部开始变得稀疏，前额不会秃得厉害，因为女性前额有芳香荷尔蒙（女性荷尔蒙或雌激素）。女性荷尔蒙可以延长头发的生长期，使头发在头皮上生长更长的时间，减少脱发。因此，怀孕的女人通常不会脱发，也是因为荷尔蒙水平的变化和免疫调节的作用。防脱的原理就是先抑制雄激素和5α-还原酶结合，阻断其作用途径；再为毛囊注入细胞生长因子等营养，打开生长通路，激活毛囊，从而达到生发目的。脱发涉及细胞学、免疫学和遗传学等多个领域，单纯依靠生姜或者黑芝麻、黑豆等食物是无法解决脱发问题的。

再者，头皮是脸部皮肤的延伸，但是我们头皮的厚度非常薄，比大部分面部皮肤都要薄，皮脂腺比面部更多，油脂分泌量是额头的2倍。和面部皮肤相比，头皮清洁难度更大，所以容易引发头屑、毛囊炎等问题。保持头皮清洁是拥有健康头皮的第一步，先好好洗头吧！

我所分享的只是脱发知识的冰山一角。学海无涯，我坚定了投身头皮毛发健康事业的决心。这是一个有利于整个社会的非常有价值的工作，我相信这是一条正确的道路。父亲的B端产品链已非常成熟，与知名植发机构达成合作，为院方以及美容美发连锁机构提供产品与项目培训。我跟着父亲天南地北地参加各种展会，也有机会在毛发协会上与医生们交流，这些经历为我奠定了专业基础。B端渠道只是市场的一小部分，并且产品价格偏高，并不被大众所熟知，我认为可以将产品打造成大众认可并且价格适中的中国品牌，进入C端消费品市场。我的这一想法得到了父亲与合伙人的认同，但他们因时间成本和精力成本较高，尚未采取行动。而我，作为初生牛犊，勇敢地走上了C端市场的征程。创业99%都会失败，我很“荣幸”地成为这99%大军中的一员。

—

除了产品专业之外，我对其他方面确实一窍不通。那时的我每天都向别人宣传我的理念：“我有好产品，能解决脱发焦虑，这个产品市场潜力巨大，也是社会所需要的，我该怎么进入C端?”我身边不乏做得很成功的优秀企业家，也有想法新奇的年轻人，他们给我各种建议，拓展了我的认知。渐渐地，我有了志同道合的小伙伴们，“东芳赋”诞生了。东芳赋，寓意“赋美东方”。从易经的角度来看，预测未来中国将迎来长达300年的繁荣昌盛，东方崛起是大势所趋。在未来的20年，中国的高科技、新能源、美业和文化融合等领域将蓬勃发展。“东芳赋”承载着传承中国文化、打造美与健康的信念，采用全球尖端生物科技，打造中国创造、全球制造的美发品牌。

作为一名曾经的设计师，我对审美有一定的要求。我最开始找了一家品牌策划公司，与老板聊得很投缘，但由于审美观念的差异，很可惜我们最终没有合作到最后，我很感激他为我提供的战略建议。通过FA公司的介绍，我接触了一家运营策划公司B，他们同时也提供品牌设计服务，给我看的往期作品非常精美，我认为他们能满足我的需求。那时，FA公司建议我融资，这样费用可以在融资成功后交付，也确实有几个投资人对此有兴趣，但要求我提供实际样品或者效果图。我天真地以为，为了确保事成后的报酬，FA公司会督促策划公司B尽快完成工作，毕竟他们有着长期的合作关系，于是，我就大手一挥签了合同，并将款项一次性汇入了B的公司账户。在他们的怂恿下，还没有任何产品的我开了天猫店铺。然而，策划公司B并未按照约定完成实际产品设计，反而以资金不足为由，拒绝继续设计。接下来，可想而知，整体计划全部暂停。因此，我在此提醒大家，对“朋友”介绍的合作对象一定要谨慎判断对方的实力和诚信。

一个品牌的成功并不是仅依赖于外在设计，背后强大的商业逻辑需要大量的知识储备、商业认知、策略、营销、管理等环节共同构建整体链条。我坚信当前正是中国打造品牌的好时机。中国正处于消费升级阶段，共同富裕的架构提出来后，人们愿意为美好生活、品质生活、设计和美而消费。历经四十年改革开放的高速增长，国家自信心一个品牌的成功并不是仅依赖于外在设计，背后强大的商业逻辑需要大量的知识储备、商业认知、策略、营销、管理等环节共同构建整体链条。

不断增强，年轻人更爱国了，也更愿意为国货品牌买单。中国制造正在向中国创造转变，国潮已崛起，民族复兴的大幕也才拉开。如同唐僧历经九九八十一难取得真经，他一开始也不知道西天之路怎么走，路上遇到各种妖魔鬼怪与诱惑，但唯一不变的就是信念。**有了信念，朝着目标一步步前进，终会有到达彼岸的一天**。东芳赋，一定会赋美东方。

拥抱蓝海

探索 AI＋跨境电商的星辰大海

■ 米安超

新加坡南洋理工大学硕士

跨境电商从 0 到 1 实战卖家

AIGC＋海外社媒内容营销探索者

于我而言，拥抱蓝海意味着——**拥抱为自己而活的超级个体，探索 AI+跨境电商的星辰大海**。方才启程，希望通过文字记录当下的思考，为正在阅读的你提供新的视角和启示。

爱折腾，追求全新的自我

在求学和求职的路上，我一边折腾，一边发现新的可能。

我在湖南的一个小县城里长大，初中毕业后进入市重点高中。高一快结束时，我毅然从理科班转到文科班，原因是**学文可能让我的未来生活更幸福**。当时我认为，班上人缘好的同学大都能说会道，学文或许可以让我更擅长沟通，从而交到更多朋友。这对满嘴方言、说不好普通话的我很重要。现在看来，**“学文”的确提升了我的表达能力，而“交友”更多取决于彼此的共性和吸引**。

北京，是我开始折腾的地方。被某 985 大学的文科实验班录取后，我开始了五年的专业探索。虽说实验班为学生提供了先上课后选专业的自由氛围，但也让部分人更加迷茫。当时，我觉得英语是必备技能，就果断把它定为第一专业，放弃其他选项。大二暑假参加社会实践，研究“寻道网上丝绸之路，助力苗乡精准扶贫”的课题，这段经历激发了我对社会学的兴趣，于是大三开始辅修经济学双学位。大四申请跨专业出国读研时，因学科背景不匹配收到了**“全拒德”**的通知。后来我开启了长达一年的复盘和充电，“白天谋生存”，在咨询公司打工赚钱；“晚上谋发展”，补课并重新研究文书。所幸，第二年冬天，我拿到了 3 所海外名校的研究生录取通知。后来，我意识到**专业选择并非至关重要，关键在于你想成为什么样的人**。

在新加坡完成学业后，我回国加入互联网大厂，担任产品经理。

在那里，我参与了电子商务业务的ERP系统管理和快递数据产品的相关工作。后来，我转做电商流程与规划的业务运营。现在，我从事跨境电商行业，探索AIGC与海外社交媒体内容营销的结合。和许多初入社会的年轻人一样，我总会听到各种声音，想纠正我不断“偏航”的人生。这时我会想起《当幸福来敲门》中的一段经典对白，男主角对自己的孩子说：“别让任何人说你不能做什么。只要有梦想，就要去追求。他们自己做不到，就会说你也办不到。”接触低能量的人时，他们会习惯性地贬低、否定、质疑你，因为他们对自己也抱着一种否定态度，因此投射到别人身上也是低能量的状态。保持高能量状态的秘诀是**与同频者同行**。

有一位和我一样爱折腾的朋友曾说，当感到纠结和迷茫时，不妨去想想如果每个选择都能成功，你会选择什么？**不要害怕失败，去经历更多的失败**。为自己而活，奔赴属于自己的星辰大海。

利用AI促进跨境电商业务的发展

我一直怀有做外贸的梦想，但此前没找到合适的切入点。直到2023年，我看到了AI技术的飞速发展，我开始向跨境电商踏出了第一步。在战略杠杆模型中，**如果说从0到1创立跨境电商业务是“重任”，资源投入是其“作用力”，那么AI技术的爆发式增长则被视为“杠杆”，拥抱蓝海的使命是其“支点”**。这一观点听上去有些非主流，然而我相信创新往往源自边缘。目前来看，AI在跨境电商领域有3个核心应用场景：策略研究、内容营销和沟通协同。

1. AI＋海外用户洞察与产品分析：通过AI技术，我们可以全面了解海外用户的需求和行为，进而优化产品策略。例如，基于Chatbot

为自己而活，奔赴属于自己的星辰大海。

AI 的全渠道智能消费者声音洞察，我们可以进行消费者洞察与产品属性分析，全方位分析商品，洞察消费者和竞品，优化产品细节，提高竞争力。

2. AI+海外内容营销：随着外贸企业 B2B 获客方式的演变，我们从展会时代、平台流量、SEM 网络营销走到了 SNS 社媒营销。利用 AI 技术，我们可以实现更高效的内容创作和传播。例如，AI 可以辅助案例研究、脚本创作、视频拍摄、素材整理、口播录制、音乐配置、视频剪辑、视频审核、内容发布以及数据分析等环节，提升内容营销效果。

3. AI+海外会议 & 办公协同：在跨语言沟通、实时翻译、文档翻译方面，AI 技术为企业提供了强大的支持。例如，飞书 AI 支持实时自动识别中日英三语，克服嘈杂环境和网络波动的不利因素，实现跨语言沟通无障碍。

此外，AI 技术还能帮助企业在聊天框编辑消息实时转换为英文，提高沟通效率。

“跨越边界”令人兴奋，可现实是即便跨越了物理边界，我们仍难以跨越无形的文化、消费习惯和本地化认知等壁垒。战略的核心是“略”，非“战”。盲目寻求增长可能导致熵增，而我们需要对抗熵增，不断聚焦核心渠道、核心客群、核心品类和资源整合。同时，我们需要反复拆解和思考产品、市场和链接。

发现生活中的小确幸

关于“聚焦”——自 2023 年 10 月开始，我的生活充满了各种挑战，于是我不断应对各种考题：分析、判断、选择、填空、问答。题还是那些老题，只是解题方式却在逐渐改变。以前，我的思维跳跃、发散，从东非的塞伦盖蒂大草原到城市的赛博朋克楼群，落笔横七竖八。现在，相比天马行空，我更爱清晰、聚焦的思维方式。最近，我了解了“心率异常度”这个概念，它描述了一种现象：当心率下降时，心率异常度却会上升，使人更容易集中注意力并保持平静。如《尼各马可伦理学》中所说，能够清晰回答“你是做什么的?”这个问题，本身就是一种幸福。

关于“交流”——我曾是一个内向的人，在 2023 年初读完《底层逻辑》后，我决定与 100 个优秀的人进行沟通交流，变成第 101 个优秀的人。目标达成后，我找到了自己的沟通节奏，较高频地主动发起或参与对话。最近，我参加了一次关于“思维模型与生物学碰撞”的有趣交流，这次对话让我认识到对抗熵增的起源可以追溯到 35 亿年前的单细胞生物。如今，我已预定了第二场同主题衍生的交流会。

关于“美食”——杭州一直被称作“美食荒漠”，可拱宸地区让我享受到了一场流动的盛宴。两元五角一个的油墩儿，七元一份的蛋包洋芋，外加非遗小店邵永丰的麻饼，花间一壶酒，树下一盏茶，美食荒漠也能开出花。晓风书店外的红绳上挂满了寄托美好愿望的卡片，二楼挂着苏轼的名句“世事一场大梦，人生几度秋凉”。拱宸桥旁，小巷名曰“如意里”，外有诗云“未必皆如意”。步行街上，一桶清水，一地书法，一枚道院买的山鬼八卦花钱，一句刻上去的“奉太上老君急急如律令敕”。江水滔滔，运河悠悠，这座我两年前拜访的城市，现在逐渐有了些温度。

在截止日期前，费心玩耍

■ 费费

费心玩耍文化传播创始人

2023 中国 AI 女性力量

1000 多名博主和企业创始人短视频导师

“Deadline（最后期限）是第一生产力。”这句话道出了时间管理的重要性。为什么我们需要跨越最后期限这条线呢？因为如果不按时完成任务，我们可能在某方面就会陷入停滞，甚至面临失败的风险。

我们常常羡慕别人的精彩，却忽视了自己生活中的点滴成就。而在精彩和平淡之间，我们可能仅仅缺少一个认真的复盘。

“复盘复盘——复活之盘”，在面对最后期限时，我们需要利用复盘来提高自己的工作效率，实现自我突破。

青葱年代，“玩”力觉醒

回顾我人生最初的 18 年，上小学前，我是天天开心玩耍的“孩子王”；上小学后，我一直名列前茅，年年评为三好学生。以全市第四名的成绩考入市重点中学后，我却逐渐失去了信心和热情。面对众多优秀的同学，我天天担心名次下滑。再加上父母对我要求严格，学校每次都要按名次选座位，我不喜欢的数理化科目占的比重又越来越大，我慢慢对中学生活产生了心理上的抵触，甚至出现了轻度抑郁，有好几次都想放弃。

终于高考结束，我考上了一所 211 大学的新闻系。虽然对留在老家合肥心有不甘，但终于摆脱了不喜欢的数理化，又不用忍受父母每天的管教，让我心中那颗向往阳光的种子有了更好的生长条件，它开始萌芽。

一天，我在寝室感叹少年时光已逝，思考成年后的我到底想过什么样的人生。我不要再被中学时代的阴霾笼罩，因为我曾体验过优秀的感觉，相信自己有重新开始的能力。

经过一番思考，我在便签上写下了我认为的幸福人生，总结下来就两个字——玩耍。

像孩子一样去玩耍、去体验、去释放，无拘无束地追求自己热爱的事物，不畏人言、不惧结果，只要过程。在面对人生抉择时，我开始以一个新的标准来衡量：当有一天离开这个世界（面临真正的最后期限时），是否会因为没做这件事而后悔？

现在看来，那就是我的人生转折点。

那时，学校的新生辩论赛正在招募，我内心充满期待。

我问自己：没有任何比赛经验，在那么多人面前演讲，害怕吗？

答：害怕。

问：如果讲话结巴，或当众被对方反驳得哑口无言，丢脸吗？

答：的确会有些丢脸。

问：如果不参加，面临最后期限时会后悔吗？

答：会后悔。

问：那你报名吗？

答：报名！

于是，别人眼中沉默寡言的我，就这样站上了新生辩论赛的舞台。在手握辩论稿、抖得恰到好处的节奏中，我竟然一路闯过 4 轮，最终获得了系新生辩论赛的冠军，还荣获“最佳辩手”称号。

后来，这种心理问答便成了我在人生每个转折点的思考催化剂。

为了不让自己的体态影响网友对我的印象，我从大三开始参加健美操课程，不仅改善了身材，收获了自信，还从此爱上了运动，保持每周健身的习惯，一坚持就是十几年，虽然那个网友早已被我抛诸脑后。

我不想因为一辈子待在同一个地方而后悔，于是裸辞了在中国移动安徽计费中心的安稳工作，一腔热血来北京闯荡，赶上了互联网发展浪潮。

职场生涯，不尽“玩”美

从几十人的小公司，到行业独角兽，再到拥有数万名员工的亚洲最大互联网企业；从电商小编，到产品经理，再到高级运营经理；从为周杰伦、王菲等大牌明星的移动演唱会做线上营销，到为政府投资6个亿的企业云平台做运营。这10年里，我慢慢成长为一个不需要再进行心理对话就可以直接放手去“玩”的人。

可是，人生并没有我想象的那样一帆风顺，有时我也没自己想象的那么坚定。

在我准备步入婚姻殿堂之际，我同时收到了华为、阿里巴巴、软通动力3家大公司的录用通知。阿里巴巴曾是我努力多年追求的目标，我一直渴望加入像阿里这样广阔的平台，为更多人提供改变生活的服务。可当这个机会真正来临时，我却在伴侣和上级的请求下犹豫了。

我知道，如果我去了阿里，那么在北京积累多年的关系，无论是生活还是事业上的，就会逐渐淡出或者切断，我要在一个全新的环境中重构自己。为了现有关系的延续，我最终选择了放弃。

后来，阿里成功上市，有一些之前劝我不去阿里的人又跑来说：“你要是去了阿里，现在就会……”这时，我才意识到，因为别人的几句劝告而让自己受委屈，是多么不值得。

这次经历让我明白，有时我们需要突破的最大阻力不是来自陌生人，而是来自身边人。这正是考验我们内心力量的关键时刻。

你是否真的能按照自己认为的那样，做到想要、敢要、想玩、敢玩?

也许是出于一种自我补偿心理，我在怀孕期间报名了华尔街英语的外教课程，同时还使用扇贝英语、英语流利说等软件，每天打卡，满足我对英语的热爱，以实现说一口流利英语、畅游世界的梦想。不出意外，这次我又遇到了阻力："你多大了，还学英语，有什么用，浪费钱……"我在挺着大肚子的时候，还要接受亲人的质疑。

那天夜里，我赌气快步走在北京街头，一方面我不明白，我的上进心为何会引发如此大的争议?另一方面，我已明白，这世上真正能支持自己的，只有自己。

从生娃前一个星期还在上课，到生娃当天在产床上还在阅读打卡；从月子里忍受着剖宫产尚未恢复的疼痛，一边抱娃一边读英语，到家里没人时，只能带着4岁的女儿一起上课，被外教问："why do you bring a child with you?"；从中级学员，到最高级别学员；从生活英语，到哈佛管理导师课程；从不敢开口，到可以在台上流利演讲……

这6年里，300多节的外教课，2000多天的打卡记录，英语对于我而言，已不仅是一门技能，更是这段相对不被理解的岁月里的慰藉。

我平时工作很少用到英语，也很少向旁人提及，所以当2020年末，我开始做英语博主时，很多人还是挺惊讶的。

超级个体，费心玩耍

在过去的三年里，很多人的人生轨迹发生了改变。因为疫情，孩子不能上学，必须有人照顾，我选择了辞职，从而，我走上了自媒体创业之路。

凭借多年互联网产品内容制作、线上运营策划的经验，再加上 6 年英语学习的积累，我做起了短视频全案服务，开通了视频号“费费互联英语”。从选题策划、翻译写稿，到拍摄剪辑、运营推广，我一个人身兼多职，如同一个微型团队。虽然自己很辛苦，但我乐在其中。在这个过程中，我可以完全没有约束地创作，展现自我形象，追寻灵感。虽然我的身心疲惫，灵魂却在跳舞，我终于找到了属于我自己的自由表达空间。

凭借一头短金发的超高辨识度和全网独一无二的“互联英语一姐”定位，再加上教学＋综艺感的形式创新，我的账号很快就吸引了很多人的目光。短短 3 个月，视频号粉丝数突破一万，成为金 V 账号。半年时间里，我先后接到了 5 家 MCN 公司请我去做 IP 的邀请。我和 10 多家顶级英语 App（如开言英语、英语流利说、有道英语、高途英语、海学科技等）以及英语名师展开广告合作。因为内容制作用心、转化率高，我还多次受到返场合作的邀请。

谁能想到，当初我坚定执着的选择，竟成了我日后得以生存和发展的根基。我用实际结果回击了那些当初劝我不要学英语的人，说实话，心里是有点自豪的。

然而，生活在此时又与我开了一个大玩笑。

因为离职后，我希望从多个渠道赚钱，在一个行业交流群里认识了一个人，最后却被骗了 60 多万元。不仅多年的积蓄没了，还因此背负了各大网络平台的债务。我没想到，有一天自己也会在公安局里向警察诉说被骗的经历。我陷入了人生最大的危机。

惶恐和眼泪都无法改变现实，看着女儿那张可爱的脸，我知道唯一能做的就是继续前行。

这时，适逢在线教育行业巨变，英语教育市场走下坡路，我的英语广告变现也开始不稳定，而在做博主的这段时间里，我爱上了内容创作，实打实积累了全套短视频内容制作与运营经验。于是，我有了转型做短视频知识付费的想法。

2021 年 7 月，我认识了创业路上的两位贵人——吴聊传播的小吴哥和娜姐。正好他们的视频号陪跑营需要一个剪辑老师，我们一拍即合，我从此走上了短视频教学之路。

我推出了自己的从小白到高手的短视频剪辑课程，课程简明扼要，一篇一个技能，由浅入深，层层递进，学员学完即可实操，立竿见影。此外，我还设立了社群陪跑，全程互动，乐趣无穷，第一期课程就收获了爆棚的口碑。

随后，类似的训练营和私董会来找我合作教学，我先后与得到高研院、山海桐学院等知名机构合作授课，也为 10 多家知名企业和 IP（如上海曌乾文化、北京创业投资协会、著名投资人陈步衡、福布斯环球联盟创新企业家闺蜜瑞雪等）提供短视频制作服务。

2 年里，我共举办了 20 多期短视频训练营，涵盖了剪辑技能和综合运营等内容，吸引了来自全球的 2000 多位学员。他们中有企业家、创始人，也有行业专家和优秀博主。我也有了一些追随我的铁杆粉丝，学员们纷纷表示："上费费老师的课有瘾，停不下来。""费费老师只要开课，我肯定报名。"他们喜欢我，首先是因为课程总能化繁为简、化难为易，没有学不会的知识；其次是因为我真诚搞怪、严谨游戏、费心玩耍。在我的社群里，学员们不仅学习知识，还能得到趣味和创意的滋养，享受精神的放松。

2022 年 5 月，我成立了自己的公司——北京费心玩耍文化传播有限公司。2023 年 1 月，我在第十届创新创业领袖峰会上荣获"年度创新人物”奖项，我还获得了第一个以公司名义领取的奖项——钛媒体“大有”科创生态榜合作机构奖。

而这时，我又遇到了一个瓶颈。业务越做越大，内容、课程需要持续迭代开发，社群、训练营需要每日运营，朋友圈、私聊成交也成为常态，短视频账号也需要持续引流，作为创始人，拓展人脉、寻找资源也是必备的工作。

一方面，迫于债务压力，我不敢轻易扩充团队，只能放弃一些自己喜欢的长期业务，转而选择一些可以快速带来收益的项目。另一方面，由于不能做自己最想做的事，我感到动力不足，时常感到憋闷。

表面上，我是一个公司创始人，其实核心人员只有我一个。每天忙于各种具体事务，总感觉在一个小圈子里打转。

尽管有很多学员，但单一的一对多、低客单短期教学，我把控不了的因素太多了，如客户是因为发展业务的刚需而学，还是只作为一个兴趣来学？客户学了 1 个月后，是否能长期运用？在后续运用过程中，怎么和客户的业务更好地结合？缺少任何一个肯定的答案，都打造不出有影响力的案例。

曾经，我作为一个普通人在创业的道路上摸爬滚打，没有背景、资源和人脉。深知生活的不易，所以我想用我的技能和能量帮助更多的普通人，带大家和我一起玩、一起赚。然而，**后来我发现当我还不够强大时，很难持续地帮助别人**。

痛定思痛，我决心做减法和转型。在当前环境下，我认为最有效率、最简单的方式就是找到对短视频真正有持续刚需的客户，并为其提供深度的辅导和陪跑，为客户创造出能引流、能变现的流量价值。

在当前环境下，我认为最有效率、最简单的方式就是找到对短视频真正有持续刚需的客户，并为其提供深度的辅导和陪跑，为客户创造出能引流、能变现的流量价值。

这时，我恰好遇到了国内一家度假地产的独角兽公司，他们计划打造一个有很多合伙人和代理商的短视频矩阵，在全网推广交换度假业务。经朋友推荐，我为他们提供了一体化的短视频服务。我找了专业的剪辑团队合作，一方面为 40 多位客户提供快速专业的剪辑服务，另一方面，我亲自为其中的 6 名客户进行一对一的定位起名、账号包装、文案策划、视频制作、打通公私域引流闭环和社群搭建。

不到 3 个月的时间，有人 2 条短视频的全网播放量突破了 250 万次，引流 5000 人到私域；有人涨粉 5 万人；有人有了人生中第一条播放量超过 10 万次的短视频；有人通过爆款引流和直播，2 天涨粉 3200 人；有人突破核心卡点，通过人生中第一个个人 IP 故事，打动了朋友圈里的几百个好友，在发布第 2 天就吸引了 2 个潜在客户在线下谈合作；有人建立了人生中第一个社群，从此有了私域大本营。

我合作的这 40 位旅游博主，全网播放量累计超过 1600 万次，通过短视频引流变现超过 300 万元。

与此同时，我也在学习最新的 AI 应用和技术。开发了一系列 AI 短视频课程，如用 AI 量产朋友圈、AI 制作短视频特效、AI 追热点等，我的 AI 短视频账号也频出爆款。

2023 年 12 月，我通过了人工智能应用测评师认证，获得了 2023 中国 AI 女性力量和中国 AI 乘风破浪企业家的称号。2024 年，我希望与更多的 AI 服务商结盟，开发一套 AI＋短视频的行业解决方案，提供从公域的内容和短视频生产到私域引流转化的全流程 AI 服务，不仅可以赋能现在正在做的文旅行业，还可以复制到其他垂直行业。

AI 使人类的创作力打破了原来的极限，普通人也可以创作自己的电影、书写自己的传奇。人类的想象力和创造力，一旦插上 AI 的翅膀，将有无限可能。这种自由，不就是我一直在追求的吗？

在接下来的10年，我将专注于AI创作和AI视频领域。我要和1万名同频共振的普通人一起，突破各种人生和创作的极限，任性专注，费心玩耍，在无限的创意空间里自由飞翔。这个梦想，已然近在眼前。